Barbara Schneider
Schweizer Auswanderer
in der Sowjetunion

Barbara Schneider

Schweizer Auswanderer in der Sowjetunion

Die Erlebnisse der Schweizer Kommunarden
im revolutionären Russland (1924–1930)

© Buchverlag «schaffhauser az» 1985
Druck: Unionsdruckerei AG Schaffhausen
Titelblatt: Hanns H. Aebli, Heini Lanz
Karten: Rolf Baumann
ISBN 3 908609 01 1

Meinen Eltern

Inhaltsverzeichnis

Vorwort	9
Abkürzungen, Masse, Umschrift	12
1. Im Zeichen der Resignation	13
2. Die gespannten Beziehungen zur Sowjetunion	15
3. Internationale Hilfe für das hungernde Russland	17
4. Fritz Platten gründet eine Auswandererorganisation	21
Die Idee der Genossenschaftsgründung	24
Die Reaktion der KPS	25
Die Gründungsversammlung	26
Wer sind sie? Warum wollen sie auswandern?	28
Die Reise der Besichtigungskommission	30
Plattens Versprechungen	32
Das Organisations-Statut	35
Das Pingpongspiel um die Subventionierung	37
Der Vortrupp zieht los	42
Die Reise des Haupttrupps	45
5. Die Landwirtschaftspolitik der UdSSR	48
6. Das Gut «Nova Lava»	52
Die ersten drei Monate	57
Die Dürre	59
Der Wegzug der ersten Kommunarden	62
Die Ernährung und die finanzielle Situation nach der Missernte	65
Das Verhältnis zur einheimischen Bevölkerung	72
Die Jahre bis zur Auflösung (1925–1927)	74
7. Der zweite Versuch: Tjoplovka…	80
…und Uvarovo	82
8. Das Mustergut Vas'kino	84
Mentona Mosers Kinderheim	89
Verlust der wirtschaftlichen Selbständigkeit	91
9. Was ist aus den Auswanderern geworden?	94
Rudolf Vollmer: Der Mann mit den Bäumen	95

Fritz Platten: Tod im Arbeitslager 96
Und die anderen? 100
10. Schlusswort 103
Karten 104
Zeittabelle 107
Verzeichnis der Auswanderer 109
Anmerkungen 114
Bibliographie 142
Personenregister 155

Vorwort

Das vorliegende Buch stellt eine leicht abgeänderte Fassung meiner im Februar 1985 eingereichten Lizentiatsarbeit «Schweizer Kommunarden in der Sowjetunion» dar. Das Thema geht auf einen Vorschlag von Prof. Dr. Carsten Goehrke zurück, der in den Jahren 1979 bis 1982 das Nationalfondsprojekt «Schweizer im Zarenreich»[1] leitete.

In den zwanziger und dreissiger Jahren wanderten zahlreiche Arbeiter und Intellektuelle in die Sowjetunion aus, um dort am «Aufbau des Sozialismus» mitzuarbeiten. Viele gingen auf eigene Faust, andere schlossen sich zusammen und gründeten landwirtschaftliche Genossenschaften.[2]

Auch Schweizer zog es ins «gelobte Land». Zwischen 1917 und 1939 wurden von mir etwa 40 Einzelauswanderer, vor allem Facharbeiter, aber auch Ingenieure und Architekten, erfasst; vermutlich waren es wesentlich mehr. 1937, zur Zeit der Wirtschaftskrise, emigrierten arbeitslose Uhrenarbeiter (insgesamt 45 Erwachsene) in die Sowjetunion in der Hoffnung auf Arbeit und Auskommen, kehrten aber bereits nach einem Jahr enttäuscht zurück.

Gegenstand dieses Buches sind jedoch nur die vom Schweizer Kommunisten Fritz Platten gegründeten vier Genossenschaften an der Wolga (Nova Lava 1923 und Tjoplovka 1924) und bei Moskau (Uvarovo 1925 und Vas'kino 1927), denen insgesamt 113 Personen angehörten.

Bei der Suche nach deutschsprachiger Literatur über die Genossenschaftsgründungen und deren Initiator Fritz Platten stösst man zuerst auf den Artikel von Kurt Spiess im Tages-Anzeiger-Magazin 1976[3], der vor allem auf Ol'ga Svencickajas Platten-Biographie beruht. Leicht zugänglich sind auch Fritz N. Plattens Artikel «Mein Vater Fritz Platten», der jedoch nur wenig über die Genossenschaftsgründungen enthält, und A. Dunajevskijs Biographie «Fritz Platten wird bekannt», die aber zu hagiographisch und ungenau ist. Wenn man von ein paar sowjetischen Artikeln absieht, die meist für Plattens Leben nach 1923 nur ein paar Sätze übrig haben, bleibt vor allem Ol'ga Svencickajas Platten-Biographie – «Fric Platten - plamennyj revoljucioner», von der Auszüge, insbesondere auch die Kapitel über die Kommunarden, im «Vorwärts» in Übersetzung erschienen sind.

Svencickaja berichtet auf ungefähr 15 Seiten über die Genossenschaften in Nova Lava, Tjoplovka, Uvarovo und Vas'kino, lässt aber vieles, aus welchen Gründen auch immer, aus. Das Defizit, die Gründe für die Auflösung, im wesentlichen auch das Verhältnis zur einheimischen Bevölkerung, die Vorbereitungen in der Schweiz u. a. bleiben unerwähnt. Was sie untersucht hat, gilt als seriös. Während meiner Arbeit bin ich jedoch auf zahlreiche Fehler und Ungenauigkeiten gestossen. Svencickajas Verdienst ist es, als erste Plattens Leben untersucht zu haben; ihre Darstellung benötigt aber Korrekturen.

Für eine neue und gründlichere Untersuchung der Genossenschaftsgründungen war es nötig, alle in der Schweiz auffindbaren Informationen zu sichten. Bis die ersten greifbaren Resultate vorlagen, dauerte es allerdings lange. Im Bundesarchiv schwanden die Hoffnungen mit jedem erfolglos durchgesehenen Aktenberg. Wichtige Akten konnten nicht eingesehen werden, da nur ganze Aktenordner herausgegeben werden und beispielsweise ein Aktenordner mit 99 Dokumenten aus den zwanziger Jahren und einem Dokument von 1955 bis 1990 gesperrt bleibt. Einige Akten sollen wegen Belanglosigkeit vernichtet worden sein, andere waren schlicht unauffindbar. Der frühere Bundesarchivar Leonhard Haas empfahl mir, ein anderes Thema zu bearbeiten. In diesem Moment machte mich Urs Rauber auf Franz Dübi aufmerksam, den Freund und Übersetzer Svencickajas. Dieser stellte mir einmalige Dokumente zur Verfügung, u.a. auch Photographien von Kommunarden, auf deren Rückseite ihre Namen standen. Diese Namen suchte ich in den Telephonbüchern von Schaffhausen und Zürich, wo die meisten Auswanderer ursprünglich gewohnt hatten, und telephonierte allen in Frage kommenden Personen. Dabei stiess ich einerseits auf Angehörige von Emigranten, die sich allerdings ausnahmslos weigerten, mir Auskunft zu erteilen, und auf einen Auswanderer, der mir erzählte, was ihm in Erinnerung geblieben war, andererseits auf Personen, die zwar nichts mit den Auswanderern zu tun hatten, sich aber als sehr hilfreich erwiesen. Durch einen von ihnen erhielt ich beispielsweise den Namen des jetzigen Besitzers des Protokollbuches der KP Neuhausen 1925–1935. Ebenfalls in Schaffhausen stiess ich im Stadt- und Staatsarchiv auf einen Stapel Dokumente, welche die Vorbereitungen der V.A.R., insbesondere ihre Bemühungen um Subventionen, darlegen. Dokumente, deren Gegenstücke merkwürdigerweise im Staatsarchiv Zürich und im Bundesarchiv fehlen.

Nach weiterer Odyssee stiess ich dank mehreren Informationen auf drei weitere Auswanderer, von denen mir besonders Adolf Zöbeli ein grosses Stück weiterhelfen konnte: er erinnerte sich in aller Deutlichkeit an seine Jugend in Nova Lava und besass noch wertvolle Dokumente aus der Gründerzeit der V.A.R. Ein Hinweis führte mich ins Ortsmuseum Dietikon, wo immer noch das Organisations-Statut und der Mitgliederfragebogen aufbewahrt werden.

Als wichtige Quelle erwiesen sich die kommunistischen Zeitungen, neben dem «Kämpfer» vor allem die «Schaffhauser Arbeiter-Zeitung». Beide veröffentlichten bis Mitte 1926 regelmässig Berichte aus Nova Lava und Tjoplovka. Als feststand, dass das Experiment gescheitert war, stellte der «Kämpfer» die Berichterstattung ganz ein, während die «Schaffhauser Arbeiter-Zeitung» sie stark reduzierte. Ab 1930, nachdem sie zum Organ der KPS-Opposition geworden war, hörte die Berichterstattung endgültig auf. Der «Basler Vorwärts» als offizielles Organ der Kommunistischen Partei der Schweiz, die sich von Anfang an gegen die Auswanderung ausgesprochen hatte, veröffentlichte keinen einzigen Artikel über Nova Lava, Tjoplovka und Vas'kino. Vor und nach dem Artikel Plattens im April 1923 («Auswanderungsmöglichkeiten nach Sowjetrussland») erschienen nur Warnungen vor dem Auswandern.

Nova Lava lässt sich nur erklären, wenn man die Geschichte der Schweiz nach dem 1. Weltkrieg, die der Sowjetunion in den ersten Jahren nach der Revolution, die Agrarpolitik Lenins, die Geschichte der IAH, die Biographie Plattens kennt. Aus diesem Grund waren gewisse Überschneidungen unvermeidbar. In den Kapiteln 1 bis 3 sowie 5 werden parallelverlaufende Entwicklungen dargestellt, in den Kapiteln 4 und 6–9, grundsätzlich chronologisch, die Gründung der V.A.R und die Geschichte der vier Genossenschaften.

Zum Schluss möchte ich all denjenigen danken, die mich in irgendeiner Form unterstützt haben, vorab Franz Dübi in Basel, ohne dessen Grosszügigkeit die Arbeit nicht zustandegekommen wäre. Mein Dank gilt auch den Damen und Herren vom Stadt- und Staatsarchiv Schaffhausen; Erich Bloch, Zürich; Reinhardt Gebhardt, Neuhausen; Steffen Lindig vom Sozialarchiv in Zürich; Bernhard Ott, Redaktor bei der «Schaffhauser Arbeiter-Zeitung»; Fritz N. Platten, Zürich; Dr. Urs Rauber, Zürich; Rudolf Schneider, Basel; Dr. Kurt Spiess, Uster; Adolf Zöbeli, Zürich, sowie all denjenigen, die mir wertvolle Auskünfte haben zukommen lassen.
Mein letzter und spezieller Dank aber geht an Andreas Wormser.

Winterthur, im Oktober 1985

Abkürzungen

BA	Bundesarchiv
IAH	Internationale Arbeiterhilfe
Inprekorr	Internationale Pressekorrespondenz
KPR	Kommunistische Partei Russlands; seit Dezember 1925: KPdSU
Narkomsen	Volkskommissariat für Landwirtschaft
NEP	Neue Ökonomische Politik
OMD	Ortsmuseum Dietikon
SH AZ	Schaffhauser Arbeiter-Zeitung
Sten.Bull.NR	Stenographisches Bulletin des Nationalrates

Masse

1 Desjatine = 1,09 Hektaren
1 Pud = 16,38 Kilogramm

Umschrift

c wie «z» in «Zar»
č wie «tsch» in «Matsch»
ė wie «ä» in «Ärger»
j wie «j» in «Juwel»
s stimmloses «s» wie in «Fass»
š stimmloses «sch» wie in «Schiff»
v wie «w» in «Wasser»
y wie «ü» in dünn, wobei das «ü» mit breiter i-Mundstellung zu sprechen ist
z stimmhaftes «s» wie in «rosa»
ž stimmhaftes «sch» wie «j» in französisch «journal»
' Erweichungszeichen: verwandelt einen vorangehenden harten Konsonanten in einen weichen

1. Im Zeichen der Resignation

Die Zeit um 1918 war in der Schweiz politisch von einer zunehmenden Polarisierung und Radikalisierung gekennzeichnet, materiell von der auf die trügerische Nachkriegskonjunktur folgenden Weltwirtschaftskrise.
«In den letzten Kriegs- und den ersten Nachkriegsjahren durchlief die Schweiz eine tiefe geistige und materielle Krise. Sie wurde nicht eigentlich gelöst, sondern vielmehr durch eine bürgerliche Blockbildung (...) überbrückt.»[1]

Die Teuerung und die dadurch bedingte erdrückende materielle Lage sowie die autoritäre Haltung des schweizerischen Vollmachtenregimes liessen die Unzufriedenheit der Arbeiterschaft im letzten Kriegsjahr immer mehr zunehmen. Zusätzlich aufheizend wirkte das Vorbild der Russischen Revolution von 1917:
«Sie erschien vielen – (...) – als eine die Menschheit von Unterdrückung befreiende prometheische Tat. Endlich, so empfand man es weiterum, fangen die ersten Tulpen des so viel besungenen Völkerfrühlings an, Knospen zu treiben. (...) Um so mehr war jetzt das neue Russland für weite Volkskreise Europas EINE, für manche armen Stuben DIE Hoffnung.»[2]
So kam es vom 11. bis 14. November zum Landesgeneralstreik, der vom Oltener Aktionskomitee geleitet wurde. In dessen Neun-Punkte-Programm waren sowohl politische Elemente (sofortige Neuwahl des Nationalrates auf der Grundlage des Proporzes, Einführung des Frauenstimmrechts) wie auch soziale Postulate (Einführung der 48-Stunden-Woche, Schaffung einer Alters- und Invaliditätsversicherung) enthalten. Diesen Forderungen war kurzfristig kein Erfolg beschieden; nur gerade die Einführung der 48-Stunden-Woche 1919 und die Vorverlegung der Nationalratswahlen von 1920 auf 1919 und deren Durchführung nach Proporzwahlrecht wurden sofort beschlossen.

Vielen Schweizern aber erschien der Landesstreik, der grösste gesamtschweizerische Konflikt seit 1847, als *«Teil einer bolschewistischen Weltverschwörung»*[3]:
«Der revolutionäre Streik in der Schweiz wurde im Prinzip in Moskau

beschlossen. Die Richtlinien waren im September 1918 zwischen den Vertretern Lenins und seinen schweizerischen Freunden festgelegt worden.»[4]
Angst vor dem Kommunismus breitete sich danach aus; strammer Antikommunismus und Antisozialismus, verbunden mit einigen zaghaften Reformen, bestimmten die Politik der Schweiz.

Für die Arbeiterschaft war der verfrühte Abbruch des Generalstreiks, die Kapitulation des Oltener Komitees, ein schwerer Schlag:
«...wurde einfach abgebrochen. (...) ein furchtbarer moralischer Schlag für die gesamte Arbeiterschaft. (...) Viele Arbeiter zerrissen ihre Partei- und Gewerkschaftsbücher, sprachen davon, dass man auswandern müsse...»[5]
Ein Teil der Arbeiter resignierte, ein Teil radikalisierte sich. Als im Dezember 1920 der Beitritt zur Komintern vom SPS-Parteitag in einer Urabstimmung verworfen wurde, spaltete sich die Parteilinke ab und gründete am 5./6. März 1921 zusammen mit den Altkommunisten die KPS. Diese wurde, auch innerhalb der Arbeiterschaft, schon kurz nach ihrer Gründung zu einer Minderheits- und revolutionären Elitepartei, die trotz für sie eigentlich günstiger politischer und wirtschaftlicher Umstände immer mehr an Boden verlor. Als Sieger kristallisierten sich nach langen, teils offen, teils verdeckt geführten Kämpfen eindeutig die SPS und die politische Mitte heraus.

Zur selben Zeit der Spaltung der SPS wurde die Schweiz von einer schweren Wirtschaftskrise heimgesucht. Die Zahl der Arbeitslosen stieg bis im Februar 1922 auf 100 000 an. Von 1920 bis 1923 wanderten mehr als 30 000 Personen aus. Erst 1924 normalisierte sich die Wirtschaftslage wieder.

2. Die gespannten Beziehungen zur Sowjetunion

Die Beziehungen der Schweiz zur Sowjetunion gestalteten sich von Anfang an schwierig. Des Prinzips der Reziprozität wegen – die Schweiz unterhielt in Petersburg eine Gesandtschaft – musste zwar eine Sowjetmission zugelassen werden, die am 18. Mai 1918 unter der Leitung von Jan Berzin in der Schweiz eintraf. Doch schon ein halbes Jahr später, am 8. November, wenige Tage vor dem Landesstreik, wies der Bundesrat sie aus Angst vor kommunistischen Umtrieben und unter dem Druck der bürgerlichen Mehrheit wieder aus. Daraufhin wurde die Schweizer Gesandtschaft in Petrograd überfallen, und

Anna Rosa Burger, nach ihrer Heirat A. F. Danilina. Das Bild wurde am 21. Mai 1981 aufgenommen.

von Russlandschweizern dort deponierte Vermögen im Wert von vielen Millionen Rubeln wurden geraubt.

1923 kam es zu einem Zwischenfall, der dieses gespannte Verhältnis noch stärker belastete. Am 10. Mai wurde der russische Vertreter an der Orientkonferenz in Lausanne, Vorovskij, vom Russlandschweizer Conradi ermordet. Beim darauffolgenden Prozess wurde die für eine Verurteilung notwendige Zweidrittelsmehrheit nicht erreicht – nur fünf der neun Geschworenen befanden Conradi für schuldig –, und Conradi wurde am 16. November freigesprochen. Noch vor dem Prozess verhängte die Sowjetunion, den Bundesrat der Komplizenschaft beschuldigend, einen totalen Boykott über die Schweiz. Eine einzige Ausnahme wurde bei der Einreisesperre gemacht:

«1° les visas d'entrée en Russie ne seront plus délivrés aux citoyens suisses à l'exception des représentants de la classe ouvrière qui ne peuvent être responsables des agissements inouïs du gouvernement suisse;»[1]

1924 anerkannten Frankreich, Italien und Grossbritannien die Sowjetunion; die Schweiz blieb abseits. Bundesrat Motta war nicht bereit, einen Schlussstrich unter die Vergangenheit zu ziehen, *«die Haltung des Beleidigten»*[2] aufzugeben. Erst am 14. April 1927 kam es auf Druck der Industrie, die in der Sowjetunion einen grossen Absatzmarkt für ihre Produkte sah[3], zum sogenannten «Berliner Vergleich». Die gegenseitigen Sperrmassnahmen wurden aufgehoben, der Übergang *«von der Feindseligkeit zur Wurstigkeit»*[4] war gelungen. Bis zur Aufnahme diplomatischer Beziehungen dauerte es allerdings noch weitere neunzehn Jahre.

3. Internationale Hilfe für das hungernde Russland

Im Sommer 1921 «*zog ein drohendes Unwetter am russischen Horizont auf*»[1]. Die Dürre, die vor allem das Gebiet der unteren Wolga und die Tatarenrepublik betraf, und die Nachwirkungen des Bürgerkrieges, bzw. der Agrarpolitik[2], verbanden sich zu einer Katastrophe. Millionen von Menschen drohte der Hungertod.[3] In dieser Situation wandte sich M. Gor'kij am 13. Juli an die Weltöffentlichkeit, um in einem Appell «*die europäischen und amerikanischen Kulturvölker* (um) *Brot und Medikamente*»[4] anzugehen.

10 Tage später bot der Vorsitzende der ARA (American Relief Administration) und spätere Präsident der Vereinigten Staaten, Herbert Hoover, seine Hilfe an, und schon im August begann die Arbeit in den Hungergebieten.[5] Auch Fridtjof Nansen, vom Volkskommissar für Auswärtiges, G. V. Čičerin, um Hilfe angegangen, begab sich unverzüglich in die Hungergebiete und gründete nach seiner Rückkehr, erschüttert von dem Leid[6], das «Internationale Komitee für Russlandhilfe», auch «Nansenkomitee» genannt, in dem sich unter seiner Führung 22 karitative Verbände zusammenschlossen. Seine Hoffnung, den Völkerbund, dessen Hochkommissar für Flüchtlingsfragen er war, zu einer Hilfsaktion zu bewegen, scheiterte allerdings am Widerstand der westlichen Regierungen, die dies mit Unterstützung des bolschewistischen Regimes gleichsetzten.

Auch die Arbeiterorganisationen, egal welcher politischer Schattierung, wurden von einer spontanen Hilfsbereitschaft erfasst, so die USPD[7], die englischen Gewerkschaften, der Internationale Gewerkschaftsbund und die Wiener Internationale (sog. 2½. Internationale).[8]

Am 2. August wandte sich Lenin, der erkannt hatte, welche Gefahren und Möglichkeiten die Hungerhilfe mit sich brachte, in einem Appell an das internationale Proletariat:

«*Hilfe tut Not! Die Sowjetrepublik der Arbeiter und Bauern erwartet diese Hilfe von den Werktätigen, von den Industriearbeitern und kleinen Landwirten (...). Sie werden verstehen oder mit dem Instinkt des Werktätigen und Ausgebeuteten fühlen, dass es notwendig ist, der Sowjetrepublik zu helfen...*»[9]

Lenin versprach sich von einer gemeinsamen Hilfsaktion aller Werktätigen ein Gegengewicht zu den bürgerlichen karitativen Anstrengungen. Ein allrussisches Hilfskomitee mit ausländischen Zweigstellen wurde gegründet, und überall schossen proletarische Hilfsaktionen wie Pilze aus dem Boden.[10] Was noch fehlte, war ein Mann, der all diese Einzelhilfswerke zu einer grossen Organisation zusammenschloss. Lenin fand ihn in Willi Münzenberg, der, ein Mann von ungeheurer Aktivität, bereits am 12. August einen Aufruf seines von ihm neu gegründeten «Auslandkomitees zur Organisierung der Arbeiterhilfe für die Hungernden in Russland» veröffentlichte, das als IAH[11] oder Mežrabpom[12] bekannt wurde und später in der ganzen Welt Mitgliedern der kommunistischen Parteien und Proletariern Hilfe leisten sollte.[13] Der Aufruf Münzenbergs wurde wenige Tage später von vielen Persönlichkeiten unterzeichnet, die bereit waren, sich der IAH zur Verfügung zu stellen, und damit als Gründer der IAH gelten, darunter Käthe Kollwitz, Albert Einstein, Henri Barbusse, Bernhard Shaw und die Schweizer Prof. Forel, Otto Volkart[14], sowie Münzenbergs Freund aus seiner Zürcherzeit 1910–1918, Fritz Platten[15], auf dessen Anregung vermutlich die Gründung der schweizerischen IAH-Sektion zurückgeht, deren Leiter er wurde.[16]

Emilie Hofstetter. Ort und Zeitpunkt der Aufnahme sind unbekannt.   *Rudolf Vollmer, kurz vor seinem Tod im Jahre 1963.*

Im Vergleich zu den anderen Organisationen blieben die Hilfeleistungen der IAH gering. Während es die ARA bis Ende 1922 auf 63 Millionen Dollar brachte, die Nansenhilfe auf 10 Millionen Dollar, sammelte die IAH in dieser Zeit, trotz dauernder Spendenaufrufe, gerade 5 Millionen Dollar.[17] Diese Summe wird aber dadurch aufgewertet, dass die IAH bei den Arbeitern sammelte, die häufig unter grossen Entbehrungen spendeten, was von der nach Nova Lava ausgewanderten Schweizerin A. F. Danilina (A. R. Burger) bestätigt wird:

«Im Jahre 1921 (...) organisierten wir die Hilfe für Russland. (...) Wir erhielten spezielle Büchsen, mit denen wir von Haus zu Haus gingen und Geld sammelten, aber auch Kleider, alles was nur möglich war. Die meisten gaben etwas, andere jagten uns mit Fusstritten davon. Nachts sortierten unsere Eltern diese Kleider, wuschen und flickten sie.»[18]

Der Charakter der Hilfeleistungen der IAH änderte sich im Mai 1922, nachdem in der Sowjetunion die schlimmste Not gelindert worden war. Bestanden bis dahin die Schiffs- und Zugtransporte vor allem aus Kleidern, Medikamenten und Lebensmitteln, ging man nun dazu über, vermehrt Werkzeug, Traktoren, Pflüge und Dreschmaschinen zu schicken.[19] Damit war der Weg *«von der Hunger- zur Wirtschaftshilfe»* beschritten worden, ein Weg, der *«keineswegs ein Schlusskapitel der bisherigen internationalen Leistung der Weltarbeiterschaft darstellt. Im Gegenteil, er bedeutet das Beginnen eines noch grösseren Werkes für Sowjetrussland.»*[20] Zu diesem Zweck sollte auch *«die Genossenschaftsbewegung in den Dienst der russischen Hilfsaktion»*[21] gestellt werden. F. Nansen hatte schon gesagt, *«dem russischen Bauern müsse nicht nur Nahrung verschafft werden, sondern man müsse ihm beim Wiederaufbau der zerstörten Höfe behilflich sein. PRAKTISCH müsse am WIEDERAUFBAU Russlands mitgearbeitet werden».*[22]

So kam es in der Folge einerseits zu Genossenschaftsgründungen durch unabhängige Gruppen von Auswanderern:

- Italien   Juni/Juli 1922   Südliches Dongebiet[23]
- USA   Juni 1922   Ural[24]
- Belgien   Frühjahr 1923   Kazan[25]
- Italien   Frühjahr 1923   Dongebiet[26]
- USA   Frühjahr 1923   Dongebiet[27]

Andererseits baute die IAH in ihrer ersten Phase (1921 bis Frühjahr 1924)[28], die durch die *«Notwendigkeit, gleichzeitig an vielen Orten mit wenigem Material und wenigen Mitteln zu helfen»*[29], gekennzeichnet war, einige zerfallene Landwirtschaftsgüter wieder auf, um sie nach der Instandstellung russischen Genossenschaften oder Gouvernementsbehörden zu übergeben.[30]

Häufig zog sie dazu ausländische Agrarfachleute herbei, die auf diesen Gütern den Wiederaufbau leiteten und nachher entweder wieder in ihr Heimatland zurückkehrten oder auf das nächste Gut weiterzogen. Einer, der sich im Mai 1922 der IAH für diese Aufgabe zur Verfügung stellte, war der Schweizer Dr. phil. Edwin Schaffner, der bis 1922 als Redaktor am «Basler Vorwärts» tätig war und sich nun *«durch eine landwirtschaftliche Hilfsexpedition in den Dienst der proletarischen Wirtschaftshilfe für Russland»*[31] stellte. Schaffner, der Lenin von Platten empfohlen worden war[32], übernahm zuerst ein Gut in der Nähe von Kurgan, das später von seinem Bruder Ernst und dessen Frau weitergeführt wurde.[33] Daraus, dass sich im «Basler Vorwärts» zu dieser Zeit keine Hinweise auf das Ausscheiden des Redaktors finden lassen, sondern nur Artikel gegen die Auswanderung – *«Warnung vor dem Auswandern»*[34] – kann man den Schluss ziehen, dass in der Partei die Auswanderung Schaffners nicht auf grosse Sympathie stiess.

4. Fritz Platten gründet eine Auswandererorganisation

Fritz Platten, der Leiter der Schweizer IAH-Sektion und Initiator der Genossenschaftsgründungen in der Sowjetunion, wurde am 8. Juli 1883 als viertes von neun Kindern eines 1890 eingebürgerten deutschen Schreiners und einer Toggenburgerin geboren. Die Familie zog 10 Jahre später nach Zürich, wo Fritz Platten die Sekundarschule besuchte und anschliessend eine Schlosserlehre bei Escher-Wyss begann, wo er den ersten Lehrlingsstreik in der Schweiz organisiert haben soll. Die Lehre musste er allerdings nach einem Betriebsunfall abbrechen; er liess sich später zum Zeichner ausbilden. 1904 trat er dem Arbeiterbildungsverein «Eintracht» bei, wo er sowohl mit Vertretern der russischen revolutionären Bewegung als auch mit Emigranten aus anderen Ländern in Berührung kam.

Der Abbruch der russischen Revolution von 1905 bewegte auch die Schweiz. Als die Niederlage bereits unabwendbar war, begab sich Platten *«aus einer Mischung von Liebesenttäuschung und Revolutionsromantik»*[1] nach Riga. Die Liebesenttäuschung vergass er offenbar rasch, als er eine Jüdin kennenlernte, die ihm später in die Schweiz folgte und dort den ersten Sohn, Georg, gebar. In Riga lebte er einige Zeit im Untergrund, wurde aber bei einer Razzia im Mai 1907 verhaftet; er verbrachte neun Monate im Gefängnis. Durch eine in Zürich veranstaltete Tombola *«für einen in Russland versenkten Schweizer»* kam die Kautionssumme zusammen, mit der F. Platten aus dem Gefängnis befreit werden konnte. Unter Schutzaufsicht gestellt, wartete er Prozess und Verurteilung nicht mehr ab, sondern floh als Heizer verkleidet auf einem deutschen Schiff nach Hamburg; von dort kehrte er im Herbst 1908 nach Zürich zurück.

Dieses Abenteuer trug Platten grosse Popularität ein. Er wurde zum Sekretär der «Eintracht» gewählt. In der «Eintracht» lernte er dann, vermutlich 1908, Lenin kennen[2]; eventuell ging auch seine Bekanntschaft mit Zinov'ev auf diese Zeit zurück.[3] 1911 wurde Platten durch die Eingliederung der «Eintracht» in die Sozialdemokratische Partei Mitglied der SPS. Ein Jahr später wurde er Mitglied der Geschäftsleitung und 1915 Parteisekretär der SPS; seine

Kontakte zu Lenin wurden häufiger. Im gleichen Jahr schloss er sich nach dem Zerfall der Zweiten Internationale der Gruppierung der revolutionären Sozialisten, der «Zimmerwalder Linken», an. Nach 1916 (Platten wurde in diesem Jahr in den Grossen Zürcher Stadtrat gewählt, und Lenin siedelte von Bern nach Zürich über) sahen sich Platten und Lenin mehrmals pro Woche. Ihr Verhältnis muss aber manchmal gespannt gewesen sein. So schrieb Lenin Anfang 1917 über Platten, er sei «*charakterlos (...), wenn nicht Schlimmeres*»[4], und eine Genossin erinnerte sich in einem Zeitungsartikel, Lenin habe Platten zwar gemocht, aber gemeint, «*er sei wie ein schönes Mädchen, das jedem zulächelt und Versprechungen macht, die es nachher nicht halte*».[5] Dennoch war es Platten, der im Frühjahr 1917 die Reise Lenins und seiner Genossen, u.a. Zinov'evs, im «plombierten» Wagen nach Russland organisierte. Die historische Bedeutung dieser Reise zeigte sich im November 1917, als die Bolschewisten die bürgerliche Regierung Kerenskij stürzten. Ende 1917 begab sich Platten, inzwischen Nationalrat, nach Petrograd, wo er am 14. Januar 1918 Lenin bei einem Attentat das Leben rettete.

Zurück in der Schweiz, trat er am 1. März dem Oltener Komitee bei.[6] Aus Protest über dessen Kompromissbereitschaft am 22. August zurückgetreten[7], beteiligte er sich dann doch an der Organisation des Landesgeneralstreiks. Am 10. April 1919 wurde er als einer der drei «*Hauptradelsführer*» wegen Meuterei zu sechs Monaten Gefängnis verurteilt[8], war aber inzwischen schon in die Sowjetunion abgereist.

In Moskau nahm Platten am Gründungskongress der III. Internationale, der Komintern, vom 2. bis 6. März 1919 teil. Zusammen mit Lenin und Hugo Eberlein (KPD) wurde er ins Präsidium des Kongresses gewählt; Zinov'ev wurde ihr Präsident. Die Rückreise Plattens gestaltete sich zu einer wahren Odyssee. Im April wurde Platten zusammen mit seinem Schwager Alexander Axelrod und dessen Familie in Finnland verhaftet. Während die Familie Axelrod in die Schweiz ausreisen durfte, wurde Platten in die Sowjetunion abgeschoben. Mit dem Flugzeug versuchte er nun, in das sozialistische Ungarn zu gelangen. Da das Flugzeug in Rumänien notlanden musste, kam Platten in Bukarest ins Gefängnis und wurde nach mehrmonatiger Haft in die Sowjetunion ausgewiesen. Dort heiratete er zum dritten Mal, wieder eine Russin.

Am 8. Oktober wurde er vom Russlandschweizerkomitee in Moskau zu einer Sitzung eingeladen, an der er sich bereit erklärte, die langwierigen und komplizierten Verhandlungen betreffend des vierten Heimschaffungszuges[9] nach seinen Möglichkeiten «*et sans arrière-pensée*»[10] zu beschleunigen. Da er beabsichtigte, in wenigen Tagen in die Schweiz zurückzukehren, erbot er

Die treibende Kraft der Schweizer Auswanderung in die Sowjetunion: Fritz Platten (1934).

sich auch, als Privatmann einen Brief des Präsidenten des Russlandschweizerkomitees an den Bundesrat zu überbringen, *«toujours dans le but exclusif de rendre un service humanitaire».*[11] Die Rückkehr in die Schweiz verzögerte sich aus unbekannten Gründen; doch gelang es Platten durch Verhandlungen mit mehreren Regierungsmitgliedern, drei inhaftierte Schweizer, die Brüder Zimmermann, freizubekommen.[12] Versprechungen bezüglich der Freilassung weiterer Schweizer erfüllten sich nicht. Dem Schweizer Kommunisten und Freund Lenins, Carl Moor, war es 1918 gelungen, *«viele Hunderte»*[13] aus dem Gefängnis zu befreien.[14]

Im Frühjahr 1920 unternahm Platten zusammen mit seiner Frau nochmals einen Versuch, in die Schweiz zurückzukehren. Wegen eines Motorenschadens musste ihr Flugzeug im mit der Sowjetunion verfeindeten Litauen notlanden, was ihnen mehrere Wochen Haft einbrachte. Von dort wurden sie diesmal nach Deutschland abgeschoben und konnten so endlich in die Schweiz zurückkehren. Hier musste Platten allerdings zuerst seine sechsmonatige Gefängnisstrafe aus dem Generalstreikprozess absitzen.

Obwohl er sich anfänglich, im Herbst 1920, gegen die Annahme der vom II. Weltkongress der Komintern aufgestellten 21 Bedingungen gewandt hatte, da er um die Einheit der Partei fürchtete, gehörte er dann zum linken SPS-Flügel, der zusammen mit den Altkommunisten im März 1921 die KPS gründete.[15]

Die Idee der Genossenschaftsgründung

Laut O. Svencickaja soll Platten schon im *«Frühjahr 1919 als Resultat wiederholter Gespräche mit Lenin und dessen Reden zur Frage der Umgestaltung der Landwirtschaft»*[16] an die Gründung einer Schweizer Genossenschaft in der Sowjetunion gedacht haben. Es scheint jedoch wahrscheinlicher, dass er erst im Zusammenhang mit der Hungerhilfe der IAH im Sommer/Herbst 1921 auf diese Idee gekommen ist. Damals begannen sich auch KP-Mitglieder bei ihm über Auswanderungsmöglichkeiten nach der Sowjetunion zu erkundigen: *«Im Jahre 1921/22 gelangte eine grosse Anzahl Genossen mit dem Ersuchen an mich heran, ihnen die Einreise nach Russland zu ermöglichen.»*[17]

Jedenfalls reiste er im Oktober 1921 in die Sowjetunion und hatte am 21. November eine Unterredung mit Lenin, *«während der er auch seinen Plan der Bildung einer oder mehrerer Landwirtschaftskommunen mit Schweizer Arbeitern entwickelte».*[18] Im Februar oder März 1922 erkundigte er sich beim Eidgenössischen Arbeitsamt über Möglichkeiten einer Subventionierung und erhielt einen vorsichtig positiven Bescheid.[19]

Im November muss die Idee zu einem festen Entschluss geworden sein, denn Platten trat aus dem Nationalrat zurück, wobei er als Grund einen *«Auslandsurlaub»* angab. Die NZZ meinte, dass *«man die wirkliche Ursache dieses sehr überraschenden Rücktrittes erst in einiger Zeit erfahren wird».*[20]

Am 1. Januar reiste Platten erneut in die Sowjetunion.[21] Nach einer längeren Unterredung mit dem Volkskommissar für Immigrations- und Landwirtschaftswesen erhielt Platten im März 1923 einen Brief des Narkomsem, in dem ihm für eine Genossenschaftsgründung sieben Güter zur Auswahl abgeboten wurden[22], zwei im Gouvernement Voronež und fünf im Gouvernement Simbirsk[23], alle zwischen 370 und 2500 Hektaren umfassend. Die Möglichkeit, ein Gut im Altai-Gebiet zu übernehmen, wie es Platten ursprünglich geplant hatte[24], wurde nur am Rande erwähnt. Als nötiges Investitionskapital gab das Narkomsem 50 Goldrubel pro Desjatine an.[25]

Jetzt war der Augenblick gekommen, die Auswanderungswilligen über das bisher Erreichte zu informieren. Am 11. April 1923 veröffentlichte Platten im «Basler Vorwärts» einen Artikel über *«Auswanderungsmöglichkeiten nach Sowjetrussland».*[26] Darin erklärte er, dass die Zeit zur Emigration reif sei, stellte die vom Narkomsem angebotenen Güter vor und drängte auf ein rasches Vorgehen, *«um die Ansiedler noch dieses Jahr überführen zu können. Innert drei Monaten kann die Wahl für eins oder mehrere dieser Güter beliebig getroffen werden.»* Das notwendige, von jeder Auswandererfamilie aufzubringende Kapital schätzte er auf Fr. 2500.– bis 3500.–, wobei er das Entgegenkommen der Sowjetregierung gegenüber den Immigranten hervorhob: *«Für die Ansiedler auf bereits bewirtschafteten Gütern kann eine einjährige Steuerfreiheit erwirkt werden. Wo Rodung notwendig ist, tritt eine 3- bis 5jährige Steuerfreiheit ein. Zudem kann eine Transportermässigung bis zu 25 Prozent erlangt werden.»*
Zum Schluss schlug Platten eine Interessentenversammlung vor und die Wahl einer Kommission. Diese sollte die Güter besichtigen und für das ausgesuchte Gut einen provisorischen Pachtvertrag mit dem «Kommissariat für Kolonisation» abschliessen.

Die Reaktion der KPS

Als in der KP der Plan Plattens, dessen Verhältnis zur Partei häufig gespannt war – er wurde von der Zentrale der KPS sogar der *«Irreführung»* beschuldigt[27] –, bekannt wurde, bezog sie an der Parteiversammlung vom 7. März 1923 sofort Stellung gegen die Auswanderung. Die Partei erklärte: *«Das Resultat wird für die Arbeiterschaft eine Schwächung ihrer Position sein.»*[28] Die wenigen, die Platten in der Auswanderungsfrage unterstützten, wurden von den anderen abgekanzelt:

«In die begeistert vorgetragenen Ideen des Gen. Mamie goss Gen. Welti ganz sachte, aber anhaltend kalte Wassertropfen, so dass (...) nichts mehr übrig blieb als die schöne Idee, deren Umsetzung in die rauhe Praxis nicht einmal ratsam erschien.»[29]

Das Leben in der Sowjetunion wurde in den düstersten Farben geschildert. Die russischen Verhältnisse seien, mit Ausnahme der Städte, wesentlich verschieden von den schweizerischen und *«die Ernährungsverhältnisse eben doch traurige. Alle leiden an ungenügender Nahrung.»*[30] Die Frage, ob der Sowjetunion mit der Einwanderung überhaupt gedient sei, wurde verneint: *«Die Einwanderung wird nicht (...) gewünscht.»*[31]

Neben der Angst vor einer weiteren Schwächung der Partei stand als Hauptgrund für diese ablehnende Haltung der KPS in der Auswanderungsfrage die Überzeugung, man müsse in der Schweiz für den Kommunismus kämpfen: *«Es genügt nicht, mit Begeisterung nach Russland zu schauen oder gar den Gedanken zu nähren, möglichst bald dorthin zu ziehen, sondern Russland und der dortige Aufstieg der Arbeiterklasse verpflichtet uns, hier unsere Arbeit zu verdoppeln, unsere revolutionäre Pflicht zu erfüllen.»*[32]

Nicht zuletzt erweckte die Förderung der Auswanderung durch die bürgerlichen Parteien, die darin ein Mittel zur Bekämpfung der Arbeitslosigkeit sahen, Misstrauen: *«Kein Geringerer als Bauernsekretär Laur empfiehlt die Auswanderung. Das ist verdächtig.»*[33]

Die Zeitung «Basler Vorwärts» warnte auch später, als der erste Trupp mit Fritz Platten schon lange abgereist war, immer wieder vor einer Auswanderung in die Sowjetunion. Merkwürdigerweise wies sie einerseits immer wieder auf die schlechten Lebensbedingungen hin[34], während sie andererseits *«das aufsteigende Sovietrussland»*[35] lobte.

Die Gründungsversammlung

Am 27. Mai fand die angekündigte Interessentenversammlung statt. Auswanderungswillige aus Schaffhausen, Zürich und anderen Städten beschlossen, in der Sowjetunion ein Gut *«nach genossenschaftlichen Prinzipien»*[36] zu bewirtschaften, und konstituierten sich zur V.A.R., der «Vereinigung der Auswanderer nach Russland», bzw. der «Vereinigung der Auswanderer nach Sowjetrussland».[37] Es wurde beschlossen, von jedem «Bewerber» Fr. 100.– à fonds perdu einzuziehen und damit die Reise einer Dreierkommission *«zur Besichtigung der Güter und zur eventl. Vertragsabschliessung nach Russland»*[38] zu finanzieren.

Der im Ortsmuseum Dietikon verwahrte Fragebogen für Bewerber[39] wurde wahrscheinlich an dieser ersten Generalversammlung oder kurz danach verteilt. Er richtet sich ausschliesslich an männliche Bewerber bzw. Familienoberhäupter und ist in drei Teile gegliedert:

– Im ersten Teil werden nebst den üblichen Fragen zur Person – Zivilstand, Anzahl Kinder, Gesundheitszustand, Referenzen etc. – auch diese gestellt:
«Verstehen Sie etwas von Landwirtschaft»
«Verstehen Sie etwas von Viehzucht»
«Werden Sie mit Freuden von Ihrer Frau begleitet»
– Im zweiten Teil wird das nötige Kapital nach Abzug von Fr. 250.– Reisegeld pro Person auf Fr. 3500.– pro Bewerber bzw. Familie festgesetzt, wobei Fr. 1500.– bis Fr. 2000.– frühzeitig einzuzahlen seien, der Rest innerhalb von zehn Jahren. Dies war für die Auswanderungsinteressierten, die mit wenigen Ausnahmen Arbeiter (und teilweise aktive KP-Mitglieder) waren[40], ein sehr grosser Betrag, und viele nahmen später die Ausnahmeregelung des Organisations-Statutes der «Genossenschaft Solidarität» in Anspruch.[41]
– Im dritten Teil des Fragebogens war aufzulisten, was der Bewerber besass bzw. in die Sowjetunion mitbringen konnte. Gefragt wurde nach allem, was auf einem landwirtschaftlichen Gut gebraucht werden konnte: von der persönlichen Ausrüstung (Leibwäsche, Schuhe, Winterkleider) über Haushaltgegenstände (Geschirr, Nähmaschine, Putzmittel, Nägel, Farben, Laternen etc.) bis zu Berufswerkzeugen, Landwirtschaftsgeräten, Gartengerätschaften und Milchproduktionsgeräten.

Vermutlich aufgrund der retournierten Fragebogen entstand im Juni oder Juli 1923 das «Verzeichnis der Auswanderer nach Sowjet-Russland», das 69 Namen aufführt.[42] Von diesen 69 V.A.R.-Mitgliedern wanderten schlussendlich ganze 20 aus, während 21 Auswanderer auf dieser Liste gar nicht verzeichnet sind. Trotzdem müssen all diese Mitglieder ihren Obolus von Fr. 100.– für die Reise der Besichtigungskommission einbezahlt haben.

Wer sind sie? Warum wollen sie auswandern?

Da der Aufruf zur Auswanderung nur im «Basler Vorwärts» erschienen war, gehörten fast alle V.A.R.-Mitglieder, wie auch später fast alle tatsächlichen Auswanderer, der KP an.[43] Die meisten stammten aus städtischen Verhältnissen, waren Facharbeiter, Schreiner, Schlosser, Wagner, Schweisser etc. Kaum einer besass landwirtschaftliche Erfahrung, was vermutlich später zum Scheitern des Projektes beigetragen hat.[44]

Nachdem bis 1922 die schlimmsten Folgen der Hungerkatastrophe beseitigt worden waren, begann *«ein noch grösseres Werk für Sowjetrussland»*[45]: der Wiederaufbau, vor allem in der Landwirtschaft:
«Hin durch das endlose Russland, hin nach Europa,
die Losung im Rhythmus von stampfenden Kolben:
Maschinen, Maschinen, Motore, Traktoren!(....)
Arbeiter, Brüder, Weltveränderer!
Gebt, gebt und helft, aufzubauen
die grosse, klassenlose proletarische Gemeinschaft
aller Proleten rings auf der Erde!» [46]

Das Ziel der V.A.R. war, durch die Errichtung eines landwirtschaftlichen Mustergutes bei diesem Wiederaufbau mitzuhelfen:
«(Der Auswanderer) *wünscht, dort am Aufbau einer neuen Gesellschaftsordnung mitarbeiten zu können. Ihn reizt die Aufgabe, wenn auch nur im kleinen, eine mustergültige Gemeinwirtschaft aufzubauen, den russischen Bauern Helfer und Beispiel zu werden.»* [47]

Neben diesem offiziellen Grund spielten auch andere Motive eine Rolle. Die Arbeitslosigkeit, der enttäuschende Ausgang des Landesgeneralstreiks, die Kommunistenhetze, der *«Substanzverlust in Raten»* der KPS in den Jahren 1921 bis 1924[48], kurz die *«Engheit heimatlicher Verhältnisse»*[49] liess vielen KP-Mitgliedern das Leben in der Schweiz unerträglich erscheinen, vor allem da die Hoffnungen auf die Weltrevolution immer mehr schwanden:
«Russische Brüder: Arbeiter, Bauern, Soldaten,
Ihr, die ihr phönixgleich
Aus den Trümmern der Schuld aufsteigt
In den glanzvollen Himmel der Menschheit:
Ach, bis an den Hals gurgelt uns das vergossene Blut!
Unsere Seele wagt wie die eure den Aufstieg:
Aber die Tat!
Ich schrie verzweifelt hinein in die lieblose Nacht.» [50]

*Familie Herrmann-Mundwiler: Georg Michael Herrmann (1907–?),
Ernst Mundwiler (1888–?) und Frieda Herrmann-Mundwiler (1908–1942).*

Sie wanderten nach Russland aus, *«weil ihnen die eidgenössische Demokratie bis zum Erbrechen verleidet war».*[51] Dies, obwohl nur gerade 3 Prozent arbeitslos waren und ihre *«Lage keineswegs eine verzweifelte»*[52] war. Sowjetrussland war für sie das *«Land der Sehnsucht»*[53], das *«Vaterland der Arbeiter»*[4.] Sie sahen dort die Möglichkeit, *freier, ungezwungener als anderswo leben zu können, sich eine selbstgezimmerte, schönere Zukunft zu schaffen. (...) Die Beziehungen des Menschen zum Menschen in wirtschaftlicher und gesellschaftlicher Hinsicht neu, schöner und vor allem würdevoller zu gestalten.»*[55]

So sah zumindest Platten die Motivation der Auswanderungswilligen, und so sieht sie Stettler, wenn er schreibt, dass *«die tiefste Verbundenheit bei denjenigen zum Ausdruck kam, die als Auswanderer am Aufbau ihres Vaterlandes mitwirkten».*[56] Wahrscheinlich war aber der wahre Grund bei einigen in erster Linie ein «Sich-nicht-mehr-zurechtfinden», ja sogar eine gewisse Aussteigermentalität. Laut Walter Brand war z.B. Karl Casanova *«ein armer Kerl»,* der in der Schweiz nicht mehr zurechtkam. Jakob Brand sen. wollte vor seiner Emigration in die Sowjetunion nach Venezuela ausreisen. Da dieser Plan fehlschlug – der Mann, der die Emigration in die Wege geleitet hatte, verschwand mit dem Geld – schloss er sich, als er vom Projekt Plattens hörte, mit seiner Familie sofort der V.A.R. an.[57]

Die Reise der Besichtigungskommission

Im Juli 1923 reiste, wie an der ersten Generalversammlung der V.A.R. beschlossen, eine Besichtigungskommission in die Sowjetunion. Sie bestand aus drei Personen: Fritz Platten, Adolf Sauter und Ernst Süss. Adolf Sauter, ursprünglich Gärtner, jetzt Billeteur beim städtischen Tram in Schaffhausen, war zusammen mit seiner Frau während des Generalstreikes sehr aktiv gewesen.[58] Ernst Süss, ein Agronom, Absolvent der Strickhofschule, war weder Kommunist noch, ursprünglich, V.A.R.-Mitglied. Er war schon vor der Revolution als Gutsverwalter in Russland tätig gewesen und hatte *«sich (...) bereit erklärt, sich zum Mitglied der Besichtigungskommission ernennen zu lassen».*[59]

Diese Dreierkommission sollte in der Sowjetunion ein für die Auswanderer geeignetes Gut ausfindig machen, das ihnen eine gesicherte Existenz bieten würde, und einen provisorischen Pachtvertrag mit den zuständigen Behörden abschliessen. Ausserdem *«die Frage der Überführung der Emigranten zur Abklärung (...) bringen»,* wobei über die Erledigung dieser Aufgabe nichts bekannt ist, und *«Einblick in die gesellschaftl. und wirtschaftl. Verhältnisse des Landes (...) erhalten, soweit dies in einigen Wochen möglich ist».*[60]

Am 2. August 1923 traf die Kommission, die für die Einholung der Einreisebewilligung in Berlin einen Zwischenhalt eingelegt hatte, in Moskau ein.[61] Dort muss ihnen die definitive Liste der zur Auswahl stehenden Güter vorgelegt worden sein:

«Gut	Bezirk	Gouv.	Hekt.
Kotscherschin	Ostrogosk	Woronesch	2500
Staro-Tukschum	Sengilei	Simbirsk	2400
Novospasky	Sissran	Simbirsk	1100
Nowa Lawa	Sissran	Simbirsk	660[62]
Novotukschum	Sengilei	Simbirsk	560
Kesmina	Simbirsk	Simbirsk	530
Maslowsky	Bobroff	Woronesch	370[63]»

Mit einer Ausnahme waren dies dieselben Güter, die ihnen schon im März 1923 angeboten worden waren.[64] Beim neu dazugekommenen handelte es sich um Nova Lava.

Drei der sieben Güter waren zu gross für die finanziellen Möglichkeiten und die Mitgliederzahl der V.A.R. In die engere Wahl kamen Nova Lava, Novotukschum, Kesmina und Maslowsky. In Begleitung eines Abgeordneten der Gouvernementsbehörde, Lichačov[65], fuhr die Kommission deshalb weiter ins Gouvernement Simbirsk[66], eines der von der Hungersnot am stärksten betroffenen Gebiete, wo drei der in Frage kommenden Güter lagen, und besichtigte als erstes Nova Lava. Da das Gut *«Verhältnisse aufwies, die alle drei Genossen der Besichtigungskommission vollauf befriedigten»*, die *«zur Verfügung stehenden Mittel knapp waren»*, zu knapp für die Reise nach Voronež, und, wie sie in Erfahrung gebracht hatten, Kesmina und Novotukschum von der Lage her ungünstig waren, entschlossen sie sich, kein weiteres Gut mehr zu besuchen, sondern gleich Nova Lava, *«das erste und einzig besuchte Gut»*, zu pachten.[67]

Für Nova Lava sprachen insbesondere folgende Punkte:

– Es lag nur 12 Kilometer von der Bahn entfernt und besass einen grossen Wald.
– Es waren noch Wohn- und Ökonomiegebäude vorhanden, die zwar, *«da auch hier die Revolution nicht spurlos vorübergegangen ist»*[68], beschädigt waren, aber durch *«kleinere Remonten wieder in guten Zustand gesetzt werden»*[69] konnten.
– Das Gut besass eine eigene Mühle und eine Vollgattersäge, die durch zwei

vorhandene Lokomobile[70] angetrieben wurden (16 und 25 PS), von denen allerdings eine defekt war.
- Ein eigenes Pumpwerk mit genügend Trinkwasser war vorhanden. Das Wasser wurde mit einer Lokomobile auf einen Wasserturm transportiert und von dort nach einem der vier Brunnen im Gutshof geleitet.
- *«Ein ansehnlicher (...) Maschinenpark, Mähmaschinen, Selbstbinder*[71]*, Ablegmaschinen, Pflüge, Kreissäge, Sähmaschinen* (sic) *etc., sowie eine grosse Breitdreschmaschine»* waren vorhanden, ebenso an lebendem Inventar: *«20 Stück Rindvieh, 40, Pferde, 10 Schweine und ebensoviele Schafe.»*[72]

Noch während des Aufenthaltes in Syzran' wurden mit den Simbirsker Behörden Verhandlungen. über einen provisorischen Pachtvertrag geführt.[73] Weitere Verhandlungen mit dem Narkomsem in Moskau endeten am 16. August mit den Abschluss eines provisorischen Vertrages.[74]

Laut dem provisorischen Vertrag übergab das Narkomsem der Genossenschaft «Solidarität» das Sowjetgut Nova Lava *«zur landwirtschaftlichen Nutzniessung (...) mit allen darauf befindlichen Bauten, Gewässern, Mühlen und anderen Einrichtungen, mit allen Mobilien, inklusive lebendem und totem Inventar, auf die Dauer von 24 Jahren, beginnend vom 1. März 1924 bis zum 1. März 1948».*[75] Die Genossenschaft war verpflichtet, *«Maschinen und Geräte im Werte von zehntausend Goldrubeln mitzubringen, Gebäude, Einzäunungen und Brücken auszubessern, Parkanlagen und Gärten zu pflegen, Schädlinge zu bekämpfen»*[76] und eine *«rationelle Feldwirtschaft»*[77] zu führen. Der Pachtzins wurde für die 24jährige Nutzung des Gutes auf 33 536 Goldrubel festgesetzt. Diese Summe musste in jährlichen Raten abgezahlt werden, wobei das erste Jahr noch pachtfrei war. Im zweiten beliefen sich die Beträge auf 15 Kopeken pro Desjatine, im dritten auf 50 Kopeken und ab dem vierten Jahr *«bis auf weiteres»* auf 2 Rubel 60 Kopeken. Es wurde aber erlaubt, die Pacht *«mit Erzeugnissen eigener Produktion in Natura zu bezahlen».*[78] Bei Nichteinhaltung eines Vertragsparagraphen *«hat die Regierung das Recht, den Vertrag zu annullieren und das Sowjetgut von der Genossenschaft zurückzunehmen».*[79]

Plattens Versprechungen

Am 1. September kehrte die Besichtigungskommission in die Schweiz zurück. Sauter hielt in Neuhausen[80] und Schaffhausen[81] Vorträge in überfüllten Sälen, wo *«in atemloser Spannung die Zuhörer den schlichten Ausführungen lauschten».*[82] Platten tat vermutlich dasselbe in Zürich. Am 9. September fand in Winterthur die zweite Generalversammlung der V.A.R. statt. Die Haupttraktanden waren:

«1. Entgegennahme des Berichts der Besichtigungskommission.
2. Beschlussfassung über den unter Vorbehalt der Genehmigung der Generalversammlung abgeschlossenen Pachtvertrag.»[83]

Vermutlich wurde auch über das (vorher von einem Komitee ausgearbeitete?) Organisations-Statut abgestimmt, ebenso über die Entsendung eines Vortrupps, der vor der Ankunft des Haupttrupps die dringlichsten Reparaturen auszuführen hätte, vielleicht auch darüber, wer sich im Namen der V.A.R. um Subventionen bemühen sollte.

Vereinigung der Auswanderer

nach

R u s s l a n d

(V. A. R.)

Stempel der «Vereinigung der Auswanderer nach Russland» aus dem Jahre 1923.

Der Bericht der Besichtigungskommission muss im wesentlichen der gewesen sein, der jetzt im Ortsmuseum Dietikon verwahrt wird[84] und später auch im «Kämpfer» abgedruckt wurde.[85] Platten ruft darin zuerst die Entstehungsgeschichte der V.A.R. in Erinnerung, beschreibt die Reise der Besichtigungskommission und die landwirtschaftlichen Verhältnisse in der Sowjetunion. Dann kommt er auf die finanziellen Erfolgsaussichten zu sprechen. Er verspricht den Emigranten eine massive Steigerung des Lebensstandards:
«Wenn den Emigranten nicht eine doppelt oder dreifach bessere Lebensexistenz in Aussicht gestellt werden könnte, wäre die Empfehlung, nach Russland auszuwandern, ein Verbrechen.»[86]
Er meint, die zum Pachtzins und den Gebäude- und Viehversicherungsprämien von Fr. 1000.– hinzukommenden Steuern seien zwar hoch, aber nur *«hoch für jene, die mit rückständigen Methoden und einseitiger Körnerwirtschaft sich abgeben»*,[87] und bringt dazu vier Kalkulationen, je eine *«ungünstigere»* und eine *«günstigere»*, für die *«ersten Jahre»* und für *«später»*:

1. «Die ersten Jahre»: nur Getreidewirtschaft
   a) Ungünstigerer Fall: 40 Pud Roggen pro Desjatine
      Einnahmen: Fr. 48 000.–
      Ausgaben: Steuern   Fr. 9 600.– (20,0%)
                 Pacht   Fr. 3 657.–
                 Versicherungen   Fr. 1 000.–
      Überschuss: Fr. 34 743.–
      Pro Familie verbleibt zum Leben: Fr. 1150.–[88]
   b) Günstigerer Fall: 75 Pud Roggen pro Desjatine
      Einnamen: Fr. 90 000.–
      Ausgaben: Steuern   Fr. 20 520.– (22,8%)
                 Pacht   Fr. 3 657.–
                 Versicherungen   Fr. 1 000.–
      Überschuss: Fr. 64 823.–
      Pro Familie verbleibt zum Leben: Fr. 2160.–

2. «Später»: Getreide- und Milchwirtschaft (180 Kühe)
   a) Ungünstigerer Fall: 40 Pud Roggen pro Desjatine
                          6 Liter Milch pro Kuh
      Einnahmen: Fr. 71 120.–
      Ausgaben: Steuern   Fr. 13 500.– (19,0%)
                 Pacht   Fr. 3 657.–
                 Versicherungen   Fr. 1 000.–
      Überschuss: Fr. 52 945.–
      Pro Familie verbleibt zum Leben: Fr. 1765.–
   b) Günstigerer Fall: 75 Pud Roggen pro Desjatine
                        9 Liter Milch pro Kuh
      Einnahmen: Fr. 134 280.–
      Ausgaben: Steuern   Fr. 30 780.– (22,9%)
                 Pacht   Fr. 3 657.–
                 Versicherungen   Fr. 1 000.–
      Überschuss: Fr. 98 843.–
      Pro Familie verbleibt zum Leben: Fr. 3281.–[89]

Wieso Platten auch für die ersten Jahre einen Pachtzins von Fr. 3657.– annimmt, obwohl die Genossenschaft das erste Jahr von der Zahlung ganz entbunden war und die nächsten zwei nur einen stark reduzierten Zins bezahlen musste, ist unbegreiflich, ebenso die gleichbleibenden Versicherungsprä-

mien u.a.m. Die «*Schwierigkeiten*» der ersten Jahre tut er jedenfalls in einem Satz ab, um dann zu versprechen:
«*Nimmt man an, Fr. 1765.– seien das verbleibende Einkommen, so heisst das, dass damit mindestens ein Leben gefristet werden kann, wie es ein städt. Hilfsarbeiter lebt.*»[90]
Das Durchschnittseinkommen einer Hilfsarbeiterfamilie 1919 im Kanton Zürich betrug aber Fr. 5334.60.[91] Selbst wenn «*eine Familie von 3,5 Köpfen den Lebensmittelbedarf mit maximal Rb. 30.–*»[92], also Fr. 972.– im Jahr (Kanton Zürich 1919: Fr. 2630.–) decken konnte, reichten die restlichen Fr. 558.– doch kaum für die übrigen Bedürfnisse. Ausserdem waren die Emigranten fast ausnahmslos Facharbeiter. Von der von Platten in Aussicht gestellten «*doppelt oder dreifach besseren Lebensexistenz*» konnte somit wohl nicht einmal dann gesprochen werden, wenn, wie erwartet[93], der Roggenertrag pro Desjatine auf 139 Pud und damit der Jahresverdienst auf Fr. 5242.– steigen würde.

Der Vertragsentwurf wurde jedenfalls angenommen, und es wurde beschlossen, dass binnen zwei bis drei Wochen ein Vortrupp von acht Genossen abreisen sollte, um in Nova Lava «*alles vorzukehren für die Aufnahme der im Frühling 1924 nachkommenden Emigranten*»[94], damit dann sofort mit den nötigen Feldarbeiten begonnen werden konnte.[95]

Das Organisations-Statut

«*Unter der kollektiven Bezeichnung ‹landwirtschaftliche Produktionsgenossenschaft ‚Solidarität'› konstituierten sich die Mitglieder zu einer dauernden Vereinigung auf der Grundlage der nachfolgenden Bestimmungen.*»[96]
So lautet der erste Satz des im Ortsmuseum Dietikon erhaltenen Organisations-Statuts der Genossenschaft «Solidarität»[97], über das vermutlich auch am 9. September diskutiert und abgestimmt wurde. Was hier Produktions- bzw. Betriebsgenossenschaft genannt wird, sollte wohl am ehesten Kolchose[98] heissen; genauer gesagt war Nova Lava vermutlich zuerst eine landwirtschaftliche Kommune, später ein Artel. Die Begriffe waren damals aber noch sehr verschwommen, und nicht nur die Kommunarden, sondern auch Platten selbst verwendeten verschiedene Bezeichnungen. Im Briefkopf wird Nova Lava «tovariščestvo» (Genossenschaft) genannt.
In einem Brief spricht der Auswanderer Mundwiler von einem «*Sechos, so heisst das Ding auf russisch*»[99], um sich im nächsten zu korrigieren, es sei ein «*‚Sofchos' oder ein Landgut*»[100]. Platten bezeichnet Nova Lava zuerst als «*Sowchos*»[101] oder «*Cowchose*»[102], später als «*Kartell*»[103] (falsch für Artel).

ТОВАРИЩЕСТВО
„СОЛИДАРНОСТЬ"
НОВА ЛАВА
СТАНЦИЯ КАНАДЕЙ

Briefkopf der «Genossenschaft Solidarität» Nova Lava.

Wieso das Gut meistens als Sovchos bezeichnet wird, erklärt F. Anneveldt in seiner Artikelserie 1925:
«Für das von uns auf 24 Jahre gepachtete Landgut wie für viele der früheren verstaatlichten ehemaligen landwirtschaftlichen Grossbetriebe stimmt der Ausdruck Sowchos nun natürlich nicht mehr, da ja nicht mehr der Staat durch einen Verwalter das Gut bewirtschaftet, sondern die Bewirtschaftung einer Genossenschaft übertragen hat. Unser Sowchos also (wir wollen den Ausdruck, der nun einmal in den Sprachgebrauch übergegangen ist, beibehalten)...» [104]

Als Zweck der Genossenschaft wird die Errichtung eines landwirtschaftlichen Mustergutes genannt:
«Getrieben durch das gemeinsame Bedürfnis, nach Russland auszuwandern, verbinden sich die einzelnen Emigranten zu einer Betriebsgenossenschaft zwecks Betreibung eines landwirtschaftlichen Mustergutes, (...) (um) *im Laufe der Jahre eine Ein- & Verkaufs-Organisation für Agrarprodukte und bäuerliche Bedarfsgegenstände ins Leben zu rufen.»* [105]

Anschliessend werden Fragen wie Erwerb der Mitgliedschaft, Rechte und Pflichten der Mitglieder, Austritt etc. behandelt:

– Aufnahmebedingungen
  Jedes neue Mitglied muss eine *«Beitrittsgebühr»* von Fr. 100.– bezahlen und nachweisen, dass es *«eine Kapitaleinlage von Fr. 3500.– beizubringen in der Lage ist»*. Allerdings kann *«der Genossenschaftsrat (...) Bewerber nach Würdigung der Gründe von der einen oder anderen Bedingung ganz oder teilweise entbinden»*.
– Stimmrecht
  Stimmberechtigt sind alle *«Beteiligten»* über 18 Jahre, die die Fr. 3500.– einbezahlt haben.
– Austritt
  Der Austritt ist nur einmal jährlich nach einer halbjährigen Kündigungsfrist per 1. Oktober möglich. Erst nach 5jähriger Mitgliedschaft ist die

Genossenschaft verpflichtet, den eingelegten Kapitalbetrag mit 4% Verzinsung zurückzuzahlen. Allerdings soll die Rückreise den Austretenden «*ermöglicht werden*».
- Ausschluss
2/3 der Genossenschafter können ein Mitglied oder seine Angehörigen, die durch «*ihr Verhalten eine gedeihliche Entwicklung gefährden oder verunmöglichen,*» ausschliessen.
- Auflösung
In einem Abstand von 14 Tagen muss die Generalversammlung mit jeweils 4/5 aller Stimmen die Auflösung der Genossenschaft beschliessen.
- Betriebsführung
Die gewählten Genossenschaftsorgane «*üben autoritative Gewalt aus*».
- Betriebs- und Genossenschaftsorgane
  Genossenschaftsorgane: Generalversammlung und Genossenschaftsrat
  Betriebsorgane: Betriebsversammlung, Betriebsleitung, Schlichtungskommission und Administrativbeamte

Das Pingpongspiel um die Subventionierung

Nachdem mit der Gutheissung des Vertragsentwurfes durch die zweite Generalversammlung die Auswanderung und die Gründung einer landwirtschaftlichen Genossenschaft definitiv beschlossen waren, musste nun das Problem der Finanzierung gelöst werden. Das Narkomsem hatte in seinem Brief an Platten vom März 1923[106] 50 Goldrubel pro Desjatine als notwendiges Investitionskapital genannt. Für Nova Lava mit seinen 607 Desjatinen hätten die Genossenschafter somit Rbl. 30 350.– (Fr. 82 000.–) aufbringen müssen. Davon waren, wie im Vertragsentwurf festgelegt, Rbl. 10 000.– (Fr. 27 000.–) in Form von Maschinen und Geräten mitzubringen. Die 35 Genossenschafter hätten, wenn jeder Fr. 2000.– einbezahlt hätte, Fr. 70 000.– zusammenbringen müssen, wenn jeder Fr. 3500.– einbezahlt hätte, Fr. 122 500.–, wobei gemäss einem Gutachten des Volkswirtschaftsdepartementes des Kantons Zürich «*ein Betriebskapital von Fr. 3500.–* (pro Person) *eher zu knapp bemessen*»[107] war. Tatsächlich kamen Fr. 72 000.– zusammen.[108] Die Bestimmung des Organisations-Statutes, wonach man von dieser Einlage befreit werden konnte, war «*sehr stark in Anspruch genommen*» worden, und man hatte die «*berufl. unbedingt benötigten Kräfte dem fehlenden Kapital*»[109] vorgezogen. Es fehlte also an Geld, insbesondere auch für die Reisekosten, die bis zur Abreise der ersten Gruppe von den geplanten Fr. 250.–[110] auf Fr. 500.– für Erwachsene und Fr. 300.– für Kinder gestiegen sein sollen[111]; für die insgesamt 58 Erwachsenen und 19 Kinder somit ca. Fr. 20 000.- bzw. Fr. 34 000.-betrugen.[112]

Man hoffte, das Loch mit Subventionen stopfen zu können. Am 29. Oktober 1919 war der Bundesratsbeschluss betreffend Arbeitslosenunterstützung erlassen worden, dessen Art. 9, Abs. 3, da der Bundesrat die *«Förderung der Ab- und Auswanderung als Mittel gegen die Arbeitslosigkeit»*[113] befürwortete, auch auf das Problem der Subventionierung von Auswanderern angewendet wurde:

«Um die Übernahme einer Arbeit zu erleichtern, kann ferner vom zuständigen kantonalen Departement eine ausserordentliche Unterstützung oder ein unverzinsliches Darlehen gewährt werden. Wird der Betrag von hundert Franken überschritten, so ist die Genehmigung des eidgenössischen Volkswirtschaftsdepartements einzuholen.»[114]

Art. 14, Abs. 1 legt fest, dass *«die Unterstützung in der Regel zu gleichen Teilen zu Lasten des Bundes und des Kantones»* fällt, Abs. 3, dass *«die Kantone (...) jeweils bis zur Hälfte ihres Anteils die betreffenden Gemeinden ihres Gebiets belasten»*[115] können. Auf Grund dieser Bestimmungen hatten insbesondere Auswanderer nach Kanada immer wieder Unterstützungen erhalten[116], worauf die V.A.R. später in ihren Subventionierungsgesuchen auch verwies.

Platten hatte sich schon im März 1922 nach Möglichkeiten einer Subventionierung erkundigt, und man hatte ihm versprochen, dass *«diese Frage später (...) noch näher geprüft werden»*[117] sollte. Kurz darauf hatte sich der KP-Nationalrat Belmont bei Bundesrat Schulthess erkundigt, *«wie er sich zur Subventionierung einer solchen Auswanderung stelle».*[118] Die Antwort hatte folgendermassen gelautet:

«Des Menschen Wille ist sein Himmelreich; (...) Gibt es (...) Arbeiter in der Schweiz, welche glauben, eine gewisse und bessere Zukunft und namentlich Arbeit in Russland zu finden, so sollen sie eben dorthin gehen.»[119]

Sobald es aber um konkrete Unterstützung ging, war nichts mehr von Entgegenkommen zu spüren.

Im September 1923 reichte Platten beim Eidgenössischen Arbeitsamt ein erstes offizielles Subventionsgesuch ein; doch obwohl das dazu befragte Eidgenössische Auswanderungsamt schrieb, *«das Projekt des Herrn Platten sei durchaus beachtenswert»*, und *«wenn dies wirklich der Fall wäre* (Ruhe und Ordnung im Inneren der Sowjetunion), *so hätten Schweizer in Russland eher Aussicht, allmählich vorwärts zu kommen, als in Canada oder in den feuchtwarmen Gebieten Südamerikas»*[120], muss dieses Gesuch abgelehnt worden sein.

Am 1. Oktober reichte A. Sauter im Namen der Schaffhauser V.A.R.-Mitglieder beim Regierungsrat des Kantons Schaffhausen ein Gesuch ein, in dem er keinen bestimmten Betrag forderte, sondern einfach *«die übliche Unterstützung»*.[121] Der Regierungsrat des Kantons Schaffhausen war nicht abgeneigt, sofern es sich bei den Bittstellern um Arbeitslose handelte, eine Subvention zu gewähren.[122] Der Stadtrat, dem das Gesuch vom Regierungsrat zur Vernehmlassung übergeben worden war, wies das Unterstützungsbegehren zur Überprüfung dem Fürsorgereferat zu.[123] Nachdem sich dieses über die persönlichen Verhältnisse der sieben in Schaffhausen lebenden Emigrationswilligen informiert hatte, stellte es fest, dass keiner arbeitslos und somit zur Auswanderung gezwungen sei:

«Nehmen wir einmal den Fall Sauter. Der Mann hatte ein gutes Einkommen beim städt. Tram, hat keine Kinder, eine wackere Frau, die ihm in jeder Beziehung eine treffliche Lebensgefährtin ist. Was kann der Mann nun noch wünschen? Er geht nach Russland, um eine mustergültige Gemeindewirtschaft aufzubauen, den russischen Bauern Helfer und Beispiel. Das ist sehr schön; aber, vom Standpunkt der Öffentlichkeit aus beurteilt, nicht notwendig.»[124]

Daraufhin erkundigte sich das Fürsorgereferat beim Eidgenössischen Arbeitsamt in Bern, wie man dort die Subventionierung von Auswanderern handhabe. Die Antwort lief darauf hinaus, dass *«nur arbeitslose Auswanderer und solche, die nicht nach Russland gehen, vom Eidgenössischen Arbeitsamt berücksichtigt»*[125] werden. Trotzdem hielt das Fürsorgereferat in seiner Stellungnahme an den Stadtrat dann fest, dass *«durch die Abwanderung von nicht Arbeitslosen eben doch schliesslich Arbeitsstellen für Arbeitslose frei werden»*, und empfahl deshalb, den in Schaffhausen wohnhaften oder wohnhaft gewesenen Gesuchstellern je einen Betrag von Fr. 250.– an die Reisekosten zu bezahlen, wobei die Kosten je zur Hälfte von Gemeinde und Staat zu tragen seien.[126] Der Stadtrat beherzigte den Vorschlag des Fürsorgereferates und gab dem Regierungsrat am 4. Februar eine positive Antwort.[127] Der Regierungsrat aber beschloss am 14. März, keine Unterstützung zu erteilen, einerseits *«aus Gründen der Konsequenz»*, da bisher nur arbeitslose Auswanderer unterstützt worden seien, andererseits, um keinen Präzedenzfall zu schaffen, der *«finanzielle Folgen zeitigen* (würde), *die von Staat und Gemeinden auf die Dauer wohl nicht getragen werden könnten»*. Ausserdem meinte er, dass *«die Unterstützung (...) in erster Linie Sache der Heimatbehörde»* sei.[128]

Nach diesem negativen Entscheid des Regierungsrates sah sich der Stadtrat vor die Frage gestellt, wie er *«in dieser Sache weiter vorgehen soll»*.[129] Wiederum wies er das Problem dem Fürsorgereferat zu, das diesmal die Gründe für eine Ablehnung ausreichend fand: keiner der Petenten sei arbeitslos, es werde ein Präzedenzfall mit unabsehbaren finanziellen Folgen geschaffen, vor allem aber gehe es nicht an, dass Schaffhausen, die Wohngemeinde, als einzige zahle, während Kanton, Bund und Heimatgemeinde sich drückten.[130] Daraufhin beschloss auch der Stadtrat, *«von einer Beitragsleistung Umgang zu nehmen»*[131], was das «Schaffhauser Intelligenzblatt» mit Genugtuung aufnahm.[132]

In Zürich wurde am 10. Dezember 1923 ein Subventionsgesuch beim Amt für Arbeitslosenfürsorge eingereicht. Dieses leitete das Gesuch am 20. Februar 1924 an die Direktion der Volkswirtschaft des Kantons Zürich weiter, indem es vorschlug, jedem Auswanderer Fr. 300.– an die Reisekosten zu zahlen. Die Direktion der Volkswirtschaft leitete das Gesuch am 19. März an das Eidgenössische Arbeitsamt weiter und schlug gleichzeitig gewisse Einschränkungen vor.[133] Kinder sollten nur noch die Hälfte erhalten, und diejenigen, die bereits abgereist waren, d.h. die Mitglieder des Stosstrupps, gar nichts. Für die verbleibenden 25 Erwachsenen und 6 Kinder ergab sich somit ein Betrag von Fr. 8400.–. Das Eidgenössische Arbeitsamt wiederum wandte sich an das Volkswirtschaftsdepartement, das die Angelegenheit dem Politischen Departement bzw. der Abteilung für Auswärtiges zukommen liess.[134] Dieses nun riet von einer Subventionierungsbeteiligung des Bundes aus Angst vor weiteren Unkosten, womit diesmal Kosten für die Rückschaffung von Enttäuschten gemeint waren, prinzipiell ab[135], und in der Folge beschied am 4. April die Volkswirtschaftsdirektion des Kantons Zürich das Gesuch abschlägig.[136]

Die finanzielle Situation der Kommunarden in Nova Lava sah somit alles andere als rosig aus. Bis zum Mai 1924 hatten einzig Stadt und Kanton Zürich *«eine umfangreiche Apotheke sowie namhafte Lehrmittel»*[137] gespendet. Die V.A.R. reichte deshalb im Juni beim Stadt- und Regierungsrat von Schaffhausen ein Wiedererwägungsgesuch ein.[138] Darin wehrte sie sich vehement gegen den *«Terror des Entscheides des politischen Departements»*[139] und bestritt insbesondere die Stichhaltigkeit der Begründung, wonach mit hohen Folgekosten für die Rückschaffung von Enttäuschten zu rechnen sei:
«Wir bestreiten ganz entschieden, dass die politischen, wirtschaftlichen und kulturellen Zustände, die wir in unserem Wirkungskreis vorgefunden haben, Anlass zur Rückreise geben könnten.»[140]
Einzig durch die Ablehnung der Unterstützungsgesuche entstehende finanzielle Schwierigkeiten könnten gewisse Genossenschafter zur Rückreise veranlassen:
«Finanz. Schwierigkeiten könnten am ehesten Missmut und Hader in unseren Reihen grossziehen, doch wäre gerade in diesem Fall dann festzustellen, dass das Ausbleiben jeglicher Subvention die Hauptursache bilden würde.»[141]

Um das zu verhindern, seien Subventionen dringend notwendig, und wenn nur schon Stadt und Kanton Schaffhausen spenden würden, sei dies eine grosse Hilfe:
«Es ist uns doch nicht gelungen, so viel aufzutreiben, dass wir in der Lage wären, kurzerhand auf die uns s. Z. in Aussicht gestellte Unterstützung durch die schweiz. Behörde verzichten zu können. Ich glaube, man wird uns nicht tadeln können, weil wir bereits mit einer schweiz. Auswanderungsunterstützung rechneten; (...) Wir gestehen offen, dass uns die Bewilligung des Kantons und der Stadt Schaffhausen allein schon eine bedeutende Erleichterung verschaffen könnte, währenddem sie im Falle des Ausbleibens uns vor unangenehme Situationen stellt. Im Eifer verwandten wir alle liquiden Mittel zur Investition, immer in der Hoffnung, dass uns ja noch eine Subvention in Aussicht stände, die es uns ermögliche, die notwendigen Lebensmittelrationen bis zur Ernte aus diesem Gelde schaffen zu können. Bleibt die Subvention aus, so setzt uns die Behörde vor eine üble Situation.» [142]

Schon am 6. Mai waren an die Direktion der Volkswirtschaft des Kantons Zürich und am 19. Mai direkt an den Bundesrat Wiedererwägungsgesuche gesandt worden, die an das Eidgenössische Arbeitsamt weitergeleitet wurden.[143] Am 11. Juni hielt der KP-Abgeordnete Belmont im Nationalrat eine Rede, in der er Bundesrat Schulthess an sein 1922 gegebenes Versprechen, die Emigration zu unterstützen, erinnerte. Schulthess erwiderte darauf, dass ihm in der Zwischenzeit *«wegen der Unterstützung gewisse Bedenken aufgetaucht»* seien:
«Man hat befürchtet, dass die Leute, die Kommunisten, die dorthin reisen, etwa wieder zurückkommen, und deshalb hat man gefunden, es sei besser, sie bleiben gleich hier.» [144]
Da sie nun aber schon abgereist seien, *«wäre es, was mich betrifft, nicht auf eine kleine Unterstützung angekommen»* [145], und in der Folge erklärte sich das Arbeitsamt nach *«Würdigung aller Verhältnisse»* bereit, als einmalige Unterstützung die Hälfte der zuvor diskutierten Summe, Fr. 4200.–, zu bewilligen. Fr. 2100.– steuerte es selbst bei, während Stadt und Kanton Zürich sich die andere Hälfte teilten.[146]

In Schaffhausen entschieden am 9. Juli der Stadt- und der Regierungsrat in getrennten Sitzungen über das Wiedererwägungsgesuch. Beide hatten sich zuvor eingehend über das Vorgehen des Eidgenössischen Arbeitsamtes und des Kantons Zürich informiert.[147] Wiederum erklärte sich der Stadtrat bereit, einen Beitrag zu leisten, falls der Kanton einen gleich hohen bewillige[148], während der Regierungsrat mit derselben Begründung wie am 14. März gegen jedwelche Unterstützung entschied.[149] Doch diesmal bestand der Stadtrat nicht auf seiner Bedingung und bewilligte am 23. Juli 1923 im Alleingang *«ohne Anerkennung einer Rechtspflicht»*[150] einen *«einmaligen Pauschalbeitrag»* von Fr. 500.–[151], u. a. vermutlich, weil er sich nach dem Bundesratsbeschluss vom 2. Juni 1924 – *«vom 1. Juli an* (werden) *überhaupt keine solchen Subventionen an Auswanderer mehr gegeben»*[152] – vor weiteren Forderungen sicher fühlte.

Damit war das Pingpongspiel um die Subventionen beendet. Die V.A.R. hatte vom Bund, Stadt und Kanton Zürich und der Stadt Schaffhausen insgesamt Fr. 4700.– erhalten, vom Kanton Zürich ausserdem Medikamente im Wert von Fr. 700.–.[153]

Der Vortrupp zieht los

Gesamtansicht der von Schweizer Kolonisten gegründeten «Genossenschaft Solidarität» in Nova Lava (1924).

Am 2. Oktober 1923 verliess der Vortrupp mit Fritz Platten die Schweiz.[154] Mehrere bürgerliche Zeitungen berichteten darüber[155], u. a. auch die «Neue Zürcher Zeitung», die meinte, es sei nur recht, dass Platten in *«seine geistige Heimat»* auswandere:
«Nachdem Russland der Schweiz schon viele gefährliche Agitatoren geschickt hat, wird man es nicht als unbillig empfinden, wenn es uns auch einmal einen solchen Umsturzapostel abnimmt.»[156]

Statt wie ursprünglich beschlossen acht[157] reisten zwölf Männer, bei deren Auswahl besonders auf die Berufe geachtet worden war, im Stosstrupp mit. Vier wurden von ihren Frauen und Kindern (insgesamt sieben) begleitet:

- Brand, Jakob Schlosser, Schweisser
- Brand, Palmira Hausfrau
  und drei Kinder
- Casanova, Karl Landwirt/Knecht
  mit Frau und einem Kind
- Herrmann, Michael Müller
  Herrmann, Frieda Näherin
  und zwei Kinder
- Kubli, Nikolaus Übersetzer
- Märki, Ernst Schmied
- Mundwiler, Ernst Schreiner
- Platten, Fritz
- Platten, Peter Schreiner[158]
  Platten, Maria
- Sauter, Adolf Gärtner
- Süss, Ernst Agronom
- Wäffler, Karl Modellschreiner[159]
- Zurmühle, Ernesto Wagner, Zimmermann[160]

Nach einem halbtägigen Halt in Berlin zur Visaerteilung[161] und einem ebenso langen Aufenthalt in Moskau, wo sie einer Gruppe von amerikanischen Kolonisten begegneten, die sich in der Gegend von Odessa anzusiedeln gedachten[162], trafen die Emigranten am 31. Oktober[163] in Nova Lava ein. Sie wurden auf dem Bahnhof Kanadej, wo sie erst *«wie Neger»*[164] bestaunt wurden, von einer telegrafisch benachrichtigten Abordnung[165] mit Pferdefuhrwerken abgeholt. *«Aber was für Wagen! Und was für Pferde!»* schrieb Ernst Mundwiler, dessen im «Kämpfer» und in der «Schaffhauser Arbeiter-Zeitung» veröffentlichten Briefen fast alle Informationen über diese ersten Monate zu verdanken sind, in seinem ersten Bericht entsetzt.[166] Schon mit drei Personen beladen, bestand Gefahr, dass der eine oder das andere zusammenbrach.

Nach einer halbstündigen Fahrt im *«stattlichen Kaff»*[167] Nova Lava angekommen, wo sie von der Bevölkerung begrüsst wurden, begaben sie sich auf ihr am Rande des Dorfes gelegene Gut. Dort mussten sie feststellen, dass es ziemlich verwahrlost war:
«Durch Krieg, Revolution und gewisse, nicht sehr rühmliche Eigenschaften der Verwaltung ist aber das ganze so ziemlich auf den Hund gekommen. Sehr wahrscheinlich wird eine längere Zeit Ferien auf Staatskosten dem gegenwärtigen Verwalter blühen, versuchte doch der Schubiak (sic) *, ein Haus von 30 Meter Länge und 8 Meter Breite gegen ein Motorvelo einzutauschen. Wohl schon vieles ging den nämlichen Weg, und anderes wurde sich selbst überlas-*

sen, von Liebhabern einfach weggenommen. Ein schönes Quantum Arbeit harrt hier unser.»[168]

Der Beginn in Nova Lava gestaltete sich unter diesen Umständen recht schwierig. Entgegen Mundwilers anfänglichen Versicherungen[169] war offenbar nur ein Haus, das Hauptgebäude, bewohnbar. Dort teilten sich alle Junggesellen sowie diejenigen Männer, deren Frauen erst im Frühjahr kamen, zusammen in ein Zimmer, das ihnen als Wohn- und Schlafraum diente[170], während die Familien je einen Raum zur Verfügung hatten.[171] Anfangs musste noch im Freien gekocht werden, bis ein Kochherd hergestellt worden war. Bänke und Tische fehlten zuerst ebenfalls.[172] Die Küche musste gemeinsam geführt werden, was schon früh Unstimmigkeiten hervorrief:

«Dass sich das weibliche Geschlecht, insbesondere, wenn es in jahrelanger Gewöhnung den gemütlichen Tramp einer eigenen Häuslichkeit in Fleisch und Blut gesogen hat, nicht so ohne weiteres in einen derartigen Betrieb finden kann, ist zu begreifen; nicht immer aber sind die Auswirkungen dieses Faktums zu verzeihen.»[173]

Immerhin liess die Qualität und Quantität des Essens, wie Mundwiler erleichtert feststellte, *«nichts zu wünschen übrig»*:

«Ausser den Gemüsen, Teigwaren und dem sehr guten Brot wurden von unserer Mannschaft verzehrt bis jetzt: ein zweijähriger Ochse, ein Schwein und ein Teil einer jüngeren Kuh, die vor einiger Zeit von uns erstanden wurde.»[174]

Doch nicht nur die Frauen hatten Mühe, sich an die veränderten Verhältnisse zu gewöhnen. Auch einige der Männer waren, so Mundwiler, mit falschen Vorstellungen in die Sowjetunion gekommen: *«bei einigen der hier Anwesenden* (scheint) *in dieser Richtung ein gewisser Mangel an Erkenntnis vorgeherrscht zu haben.»*[175]

Immerhin gestaltete sich das Verhältnis zur Dorfbevölkerung von Anfang an gut.[176] Wenn auch die Kolonisten bei ihrer Ankunft kein Wort Russisch sprachen, kamen sie doch recht schnell mit den ansässigen Bauern, die sie gerne auf dem Gut besuchten, in Kontakt. Mundwiler hebt vor allem die Gastfreundschaft der *«Eingeborenen»,* wie er sie leicht abschätzig nannte, hervor.[177]

Das grösste Problem der Anfangszeit bestand darin, dass das Gepäck mit allen Werkzeugen nicht eintreffen wollte. Erst anfangs Februar traf *«die Bagage, die seit 4 Monaten immer in der ‚nächsten Zeit' erwartet wurde»*[178], tatsächlich ein. Damit war es für die Mitglieder des Vortrupps, die ja alles für die im Frühjahr erwartete Hauptgruppe vorbereiten sollten, recht schwierig, ihrer Aufgabe nachzukommen. Es stellte sich bald heraus, dass *«ein Teil der Folgen der Verzögerung von unseren ‚Nachkommen' getragen werden musste».*[179] Trotzdem tat der Vortrupp sein Bestes. Mit geliehenen Werkzeugen wurde die Wiederherstellung der Gebäude in Angriff genommen, und vier dazugekaufte Holzhäuser wurden aufgestellt.[180]

Unerwartet früh, schon am 1. Januar[181], musste vom Narkomsem das lebende und tote Inventar des Gutes übernommen werden[182], ein, so Mundwiler, *«in nachteiliger Weise folgenschweres Ereignis»,* denn:

«War es anfänglich der Mangel an Produktionsmitteln, so ist es jetzt der Umstand, dass viel Arbeit und Geld in den übernommenen Gutsbetrieb abgeleitet werden, der eine erfolgreiche Tätigkeit, wie sie erwünscht wäre, erschwert.» [183]

30 Stück Hornvieh, 20 Pferde, 30 Schafe und ebensoviele Schweine, für die sämtliche Futtermittel dazugekauft werden mussten, waren nun zu versorgen[184], und auch die Mühle wurde in Betrieb genommen, da sie *«trotz ihres reparaturbedürftigen Zustandes noch ein einträgliches Geschäft»*[185] war.

Dennoch wurden die Reparaturarbeiten allmählich vorangetrieben, vor allem nachdem anfangs Februar endlich das langerwartete Gepäck aus Riga eingetroffen war. Möbel wurden gebaut, Betten – bis anhin hatte man auf dem Boden geschlafen –, Wände wurden tapeziert.[186] Mundwiler meinte zwar, die Schönheit der Natur entschädige ohnehin vollauf für die *«mangelnde Pracht»* in den eigenen vier Wänden.[187] Die Reparatur der Mühle, der Sägerei[188], der defekten Lokomobile und diverser Landwirtschaftsmaschinen[189] konnte nicht mehr vor der Ankunft des Haupttrupps erledigt werden.

Die Reise des Haupttrupps

Am 16. März 1924[190] folgte der Haupttrupp dem *«Ruf ins gelobte Land»*[191], 24 Männer, 18 Frauen und 14 Kinder.[192] Vorgängig war eine Liste der Auswanderer an den «Rat für Arbeit und Verteidigung»[193] geschickt worden, damit die Visaerteilung in Berlin ohne Zeitverlust von statten ginge.[194] Begleitet wurde die Gruppe von Fritz Platten, der zu diesem Zweck und um seinen Sohn Georg abzuholen in die Schweiz zurückgekehrt war. Mit dabei waren auch ein Arzt, Dr. Berndl[195] oder Dr. Mariasch[196], dessen Frau und das V.A.R.-Mitglied Rudolf Vollmer. Der Arzt wollte sich in der Sowjetunion nach einer Stellung umsehen und zuerst einige Wochen mit den Auswanderern verbringen, was Platten sehr befürwortet hatte, da seine Anwesenheit *«auf Körper und Seele der Angsthasen wohltuend»*[197] wirken würde. R. Voll-

Die Abreise des Haupttrupps der Schweizer Kolonisten im Bahnhof Zürich am 17. März 1924.

mer reiste mit, um «*als Fachmann*»[198] – er war Gärtner – Bodenverhältnisse und Kulturmöglichkeiten für eine weitere Schweizerkolonie zu prüfen.[199]

Zur selben Zeit ging auch das Gepäck im Wert von Rbl. 10 097.24 (ca. Fr. 30 000.–)[200] auf die Reise:

«– *1 Traktor, Marke Cleveland, 20 PS*
 – *1 Apparat für autogenes Schweissen*
 – *1 Drehbank für Metall und Holz*
 – *1 Kartoffelschaufler*
 – *1 Zentrifuge zur Getreidesortierung*
 – *1 Futterküche*
 – *1 Hackfrucht- und Strohschneider*
 – *1 Werkbank zum Instrumentenschleifen*
 – *6 Eggen, einige Pflüge und Sämaschinen*
 – *Geräte zur Wetterbeobachtung*
 – *1 Separator und Apparate für die Milch- und Fleischverarbeitung*

- *Geräte für die Forstwirtschaft und Holzaufbereitung*
- *Tischler- und Schlosserwerkzeug*
- *Saatgetreide* (von der landwirtschaftlichen Schule Strickhof[201]) *und vieles mehr.*»[202]

In einem Brief an seine Familie vom 4. April schildert E. Graf die Ankunft in Kanadej nach der 13tägigen Reise über Berlin, Riga und Moskau:
«*Am Samstag den 29. März haben wir unser Reiseziel erreicht. Sehnend erwarteten besonders die Frauen und Kinder die letzte Station unserer langen, ermüdenden Eisenbahnfahrt, die zwar ohne jede Störung blieb, denn in Russland ist der Bahnverkehr nun vollkommen geordnet. In Kanadej angelangt, empfingen uns einige Kameraden der Remontetruppe, sowie 20 russische Bauern mit Einspännerschlitten. In romantischem Schlittenzug zogen wir nach 2stündiger Fahrt gegen 6 Uhr abends in den warmen Stuben unseres Gutes ein, und Kuechli und Schenkeli waren zu unserer Ankunft aufgestellt. Die Möglichkeit, wider unser Erwarten, in, wenn auch nicht eingerichtete, so doch saubere, helle und heizbare Wohnungen einziehen zu können, verdrängte bald die unter uns vorhandene Reisestimmung.*»[203]

Nicht bei allen war die Freude über den neuen Wohnort so ungetrübt, nicht alle waren so leicht zufriedenzustellen. Danilina erzählt über ihre Ankunft: «*Wir wurden (...) in unser Dorf gefahren. Die Häuser waren sehr schlecht; wir erhielten ein kleines Häuschen, ohne Fussboden, ringsum ohne Fenster, nur Wände... Mutter und ich waren sehr erschrocken und schimpften mit Vater: ‚Warum hast Du uns hierher gebracht?'*»[204]

Dabei gehörten sie zu den Privilegierten. Nicht alle Familien erhielten gleich zu Beginn ein eigenes Haus.[205] In einer sofort vorgenommenen Abstimmung erklärte sich jedenfalls die Mehrheit zufrieden mit der Arbeit des Vortrupps.[206]

5. Die Landwirtschaftspolitik der UdSSR

1924 litt die sowjetische Landwirtschaft immer noch an den Folgen des Krieges und der verfehlten Agrarpolitik der ersten Jahre, die im März 1921 fast zum Sturz des Sowjetregimes geführt hätte. Erst 1926/27 wurde das Produktionsniveau der Vorkriegsjahre wieder erreicht.[1]

Im Mai 1918 war die Ablieferungspflicht für Getreide (und wenig später auch für alle übrigen landwirtschaftlichen Produkte) eingeführt worden. Die Bauern hatten alle ihre Überschüsse, meist ohne Entschädigung, dem Staat abzugeben. Dadurch sollte die Versorgung der Städte sichergestellt werden, doch die Massnahme erwies sich als kontraproduktiv. Die Bauern reduzierten ihre Anbauflächen und produzierten nur noch für den Eigenbedarf. Als die Requisitionskommandos mit zunehmender Brutalität reagierten, kam es zu Aufständen. Bewaffnete Bauernbanden führten einen Partisanenkrieg gegen die Rote Armee. Auf dem Höhepunkt der Aufstandsbewegung – in den ersten Monaten des Jahres 1921 – gab es kaum ein Gouvernement, in dem die Bauern nicht Krieg gegen die Organe der Sowjetmacht führten. Der Kriegskommunismus, der direkte Weg zum Sozialismus, war gescheitert, die Wirtschaft zerstört.

In den Städten standen die meisten Fabriken still oder arbeiteten nur wenige Tage im Monat. Die industrielle Produktion erreichte nicht einmal ein Fünftel des Vorkriegsstandes. Die unerträgliche Ernährungssituation hatte das Vertrauen der Arbeiter in die Partei untergraben.

«Dreieinhalb Jahre haben wir kein Weissbrot und keine geheime Abstimmung gesehen. Das haben sie uns alles nur versprochen, aber verwirklicht haben sie es nicht.»[2]

Streiks und Unruhen gipfelten im März 1921 im Kronstädter Aufstand, dessen Sprecher anfangs nur eine verbesserte Lebensmittelversorgung und zu diesem Zweck die Wiederzulassung des freien Handels zwischen Stadt und Land verlangten, schon bald aber *«zur Befreiung von Arbeitern und Bauern vom Joch der Kommunisten, (...) für freigewählte Sowjets»*[3] aufriefen.

Während der Niederwerfung des Aufstandes tagte in Moskau der X. Parteitag der KPR, auf welchem mit der Abschaffung der Zwangsabgaben der Grundstein zur Neuen Ökonomischen Politik (NEP) gelegt wurde. Die Bauern hatten nur noch einen Teil ihrer Produkte als Steuer abzuliefern und konnten über den Rest frei verfügen. Zunächst wurde nur der lokale Handel wieder zugelassen, bald schon geschah dasselbe mit dem gesamten Kleinhandel und dem Kleingewerbe, die reprivatisiert wurden. Nur die Grossindustrie, das Verkehrswesen und der Aussenhandel blieben in den Händen des Staates. Als offizielle Begründung für diese Wende diente das Ausbleiben der Weltrevolution.

Gleichzeitig mit der wirtschaftlichen Lockerung wurden politisch die Zügel straffer gezogen. Waren bereits Ende des Bürgerkrieges die menschewistischen und sozialrevolutionären Gruppierungen verboten worden, kamen nun die übrigen an die Reihe:
«Der Parteitag schreibt vor, alle Gruppen ohne Ausnahme, die sich auf Grund der einen oder anderen Plattform gebildet haben, sofort aufzulösen, und trägt allen Organisationen auf, strengstens darauf zu achten, dass keinerlei fraktionelle Äusserungen zugelassen werden.»[4]

Die Beschlüsse des X. Parteitages kamen zu spät, um noch im gleichen Jahr zu einer Vergrösserung der Anbauflächen zu führen. Zusätzlich kam es 1921 zu einer furchtbaren Dürre und Missernte, die, vor allem in den Wolgagebieten, zu einer katastrophalen Hungersnot führte. Diese kostete, trotz der sofortigen Hilfe aus dem Ausland, Millionen von Menschen das Leben.[5] Erst ab 1922 hatte die NEP eine bedeutende Hebung der landwirtschaftlichen Produktion zur Folge.

*
* *

Am 26. Oktober (8. November) 1917 waren mit dem «Dekret über den Grund und Boden» die Gutsbesitzer enteignet worden. Das Land war grösstenteils an die Bauern verteilt worden. Das Ziel war jedoch die Kollektivierung der Landwirtschaft, um die Bauern den revolutionären Arbeitern im Kampf gegen jede Art von Unterdrückung zur Seite zu stellen. Dieses Ziel sollte zunächst auf direktem Weg erreicht werden, d. h. die bäuerlichen Einzelwirtschaften sollten ohne Übergangsstufe in Kollektivwirtschaften umgewandelt werden, allerdings ohne jeden Zwang:
«Die Vertreter der Sowjetmacht (...) dürfen jedoch bei der Schaffung solcher Organisationen nicht den geringsten Zwang zulassen. (...) Übermässige Eilfertigkeit in dieser Sache ist schädlich, denn dadurch kann bloss das Vorurteil der mittleren Bauernschaft gegen Neuerungen verstärkt werden.»[6]

Die Umgestaltung der Landwirtschaft sollte vor allem durch die Macht des Beispiels vonstatten gehen. Musterkolchosen und -sovchosen[7] wurden eingerichtet und vom Staat finanziell und organisatorisch unterstützt. Sie sollten den Bauern die Vorteile der gemeinsamen Bodenbearbeitung zeigen und durch die Abgabe von Saatgetreide, Dünger und Rassenvieh sowie die Ausleihung landwirtschaftlicher Maschinen Anreize zur Auflösung der Einzelwirtschaften geben etc.

Die Zahl der Kolchosen und Sovchosen stieg während der Zeit des Kriegskommunismus vor allem durch demobilisierte Soldaten und vom Hunger aus den Städten vertriebene Arbeiter stark an.[8] Dieser Entwicklung waren allerdings Grenzen gesetzt, da für die Gründung solcher Güter grosse zusammenhängende Landstücke nötig waren. Der frühere Grossgrundbesitz war aber grösstenteils unter die ansässigen Bauern verteilt worden. Der Staat vefügte nur noch über 2% der Bodenfläche und 5,5% der Ackerfläche. Somit stand die quantitative Entwicklung von Anfang an auf schwachen Beinen, während die qualitative Entwicklung dadurch behindert wurde, dass während und nach der Revolution die landwirtschaftlichen Maschinen der Grossgrundbesitzer zerstört worden waren. Viele dieser Betriebe waren defizitär. Es gelang nicht, die Bauern für die Kollektivierung zu begeistern.

Bei der Einführung der NEP wurde gleichzeitig die Kollektivierungsstrategie geändert. Kolchosen und Sovchosen wurden nunmehr dem Rentabilitätsprinzip unterstellt, die staatlichen Subventionen gestrichen, worauf ihre Zahl stark abnahm. Statt des direkten Weges zur Kollektivwirtschaft wurden nun als Zwischenstufe landwirtschaftliche Genossenschaften propagiert. Früher hatte Lenin sie als *«erbärmliche Palliativmittel, wie sie die liberale Bourgeoisie überall in Europa betreut»*[9] bezeichnet; jetzt sah er in ihnen ein geeignetes Mittel, um die Bauern von den Vorteilen gemeinschaftlicher Arbeit zu überzeugen, sie zum Sozialismus umzuziehen:

«Man blickt bei uns auf das Genossenschaftswesen geringschätzend herab und begreift nicht, welche ausschliessliche Bedeutung diesen Genossenschaften zukommt, erstens in prinzipieller Hinsicht, (...) und zweitens im Sinne des Überganges zur neuen Ordnung auf möglichst EINFACHEM, LEICHTEM UND DEN BAUERN ZUGÄNGLICHEM WEGE.»[10]

Ausserdem versprach man sich von den Genossenschaften eine Steigerung der landwirtschaftlichen Produktion:

«Wirtschaftlich haben wir gegenwärtig keine wichtigere Aufgabe als die Hebung der Landwirtschaft des Landes. (...) der völlig naturgemässe Ausweg der Vereinigung der Arbeitskräfte (...) stellt sozusagen das einzige Mittel zur Hebung der Landwirtschaft dar. Die Verbesserung der bäuerlichen Wirtschaft ist nur bei Entwicklung des landwirtschaftlichen Genossenschaftswesens

möglich. (...) Ausserdem ist das landwirtschaftliche Genossenschaftswesen von riesiger politischer Bedeutung.»[11]

Durch die staatliche Förderung erlebte das landwirtschaftliche Genossenschaftswesen in der NEP-Periode einen starken Anstieg:

1924	2,6 Mio.	Genossenschaftsmitglieder[12]
1926	5,4 Mio.	Genossenschaftsmitglieder
1927	7,4 Mio.	Genossenschaftsmitglieder, bzw. 32% aller Bauernwirtschaften[13]

Dies im Gegensatz zu den Kollektiv- und Sowjetwirtschaften, deren Bevölkerungsanteil 1927 0,8%, bzw. 0,73% betrug.[14] In diesen Zahlen drückt sich die Ablehnung der staatlichen Betriebe durch die Bauern klar aus. *«Sie liefen wie wilde Tiere aus einem schönen goldenen Käfig* (d.i. aus der Kommune), in ihre Wälder, zu hungern, zugrunde zu gehen, aber bei sich.»[15]

Die agrarpolitischen Massnahmen der NEP führten zur gewünschten Steigerung der landwirtschaftlichen Produktivität – 1927 wurde das Niveau von 1913 wieder erreicht –, hatten jedoch einen unerwünschten Nebeneffekt. Die wohlhabenden Bauern, die Kulaken, konnten ihren Reichtum vergrössern, während die Zahl der armen Bauern zunahm. Ausserdem änderten die Neuerungen nichts an der durch die Landverteilung der Revolution hervorgerufenen Bodenzersplitterung. Die Zahl der individuellen Bauernwirtschaften war von 16 Millionen im Jahr 1917 auf 25 Millionen im Jahr 1927 angewachsen, und die einzelnen Parzellen hatten sich im Durchschnitt so verkleinert, dass an eine rationelle Bewirtschaftung nicht mehr zu denken war.

Am XV. Parteitag im Dezember 1927 machte sich deshalb Stalin, der bisher im Genossenschaftswesen *«das geeignete Mittel zur Erreichung der sozialistischen Neuorganisierung der Landwirtschaft»*[16] gesehen hatte, nach Ausschaltung der «linken Opposition» deren agrarpolitische Ansichten zu eigen und verkündete die Rückkehr zum «direkten Weg». Erneut wurde nun *«die Aufgabe der Vereinigung und Umgestaltung der kleinen individuellen Bauernwirtschaften in Grosskollektive als HAUPTAUFGABE (...) der Partei im Dorf»*[17] angesehen.

6. Das Gut «Nova Lava»

Das Gut Nova Lava lag im Gouvernement Simbirsk, Bezirk Syzran', Kreis Kanadej, 40 Stunden Eisenbahnfahrt südöstlich von Moskau[1], 70 Kilometer von der Wolga und dem nächsten Städtchen, Syzran' (70 000 Einwohner), entfernt und 12 Kilometer von der nächsten Bahnstation, Kanadej (5000 Einwohner)[2], im Schwarzerdegebiet, *«auf einer Hochebene, die entgegen dem Charakter russischer, topfebener Gegenden mit niederen, breiten Hügeln durchzogen ist»*.[3]

Vor der Revolution war das Gut Teil eines 12 000 Desjatinen Ackerland umfassenden landwirtschaftlichen Grossbetriebes gewesen, der einer Gräfin Katovka gehört hatte. 95 Prozent davon waren nach der Revolution an die Bauern verteilt worden[4]; der Rest lag eine Zeitlang brach, bis daraus ein Sovchos gebildet wurde, der jedoch mangels Kapital *«nicht funktionierte»*. Deshalb wurde er dann den Schweizer Immigranten angeboten.[5]

Das 800-Seelen-Dorf Nova Lava lag in einem flachen Tal zwischen zwei niederen Hügelzügen. Eine 25 Meter breite Strasse, *«bei uns Acker»*[6], erstreckte sich den Hang hinauf bis zu einer Kirche. Graf schreibt über das Dorf:
«Die Wohnhäuser im Dorfe sind schön ausgeführte Holzhäuser mit angebrachten netten Verzierungen über Türe und Fenstern, mit Blech oder Holz bedeckt, währenddem Stall und Scheune gleichgültig erstellte Schuppen mit Strohdach sind. Die Bevölkerung lebt religiös, wie an katholischen Orten; jeden Morgen um 6 Uhr wird die Kirche besucht.»[7]
Anneveldt fand allerdings die *«Behausungen»* primitiv. Sie seien teils *«aus Lehm mit Stroh gemischt aufgezogen, teils aus Balken (ähnlich den Unterkunftshütten unserer Naturfreunde) hergestellt»*.[8]

Die Wohn- und Wirtschaftsgebäude des Gutes lagen auf der kleinen Anhöhe am äussersten Ende des Dorfes, neben der Kirche.[9] Das Ackerland erstreckte sich in einer Breite von 1,2 Kilometern über 5 Kilometer weit nach Westen, und endete bei einem Wald[10], der aus *«Föhren, Birken, Eichen, Weichsel und Aspen»*[11] bestand und teilweise noch zum Gut gehörte.

«Das Land ist, abgesehen von einem grösseren und einigen kleineren Tobeln, die das bei rascher Schneeschmelze abfliessende Wasser in den Boden hineingefressen hat, durchaus eben und eignet sich daher sehr gut für maschinelle Bearbeitung (Traktoren usw.).»[12]

Dorfstrasse von Nova Lava während der Schneeschmelze.

Der Boden bestand aus eigentlich fruchtbarer Schwarzerde (Humuserde) über Mergel und Kalkschotter. Die Erdschicht war allerdings teilweise sehr dünn – die Schwankungsbreite betrug 15 bis 70 Zentimeter[13] – und durch einseitige Bebauung ausgelaugt worden. Anneveldt meinte, es brauche daher *«schon noch einige Jahre, bis wir unsere Äcker und Wiesen durch Düngung, Fruchtwechsel und sachgemässe Bodenbearbeitung wieder zu früherer Ertragsfähigkeit gesteigert haben».*[14]

Das Klima der Gegend vermochte zwar *«ein schweizerisches Gemüt zu erschüttern»*[15], liess aber durchaus eine rentable Landwirtschaft zu. Die Temperaturen schwankten zwischen −34° C im Februar und 31° C im August:

	Monatsdurchschnitt	Maximum	Minimum
Januar	−11,3	1	−33
Februar	−15,5	− 1	−34
März	− 2,5	6	−18
April	8	20	− 2
Mai	9,7	24	− 3
Juni	16,4	30	3
Juli	20	30	10
August	21	31	9
September	12,4	28	− 2
Oktober	0,0	12	−20
November	− 2,3	4	−20
Dezember	− 5,8	1	−28 [16]

Die Flora und die Fauna waren sehr vielfältig. Im Walde blühten Anemonen, Frauenschuh, Enzian, Aster alpinus, blaue Schwertlilien und vieles andere mehr[17], vor allem aber Maiglöckchen, die im Frühjahr den Waldboden wie Schnee bedeckten und mit ihrem schwer lastenden Duft nach einer Weile *«ein beklemmendes Gefühl im Kopf»*[18] verursachten. Die Flora der Felder war hingegen eher karg. Abgesehen von ein paar Kleearten waren vor allem Schafgarben und Wermut in Masse vorhanden.[19] Die vielen Vogelarten wie

Pfingstausflug der Familien Zöbeli und Frick am 7. Juni 1924.

Wiedehopf, Bussard, Elster, Pirol, Eichelhäher, Baumläufer und verschiedene Specht- und Meisenarten begeisterten die in der Überzahl aus Städten kommenden Schweizer. Weniger Freude herrschte über andere Tiere: 1924 vernichteten die Kolonisten 300[20], 1925 24 000 Hamster[21], und aus Angst vor Wölfen stellten sie jede Nacht eine Wache auf. Tatsächlich bemerkte der Kolonist E. Hediger im Januar 1925 auf der Nachtwache ein Tier. *«Aha, ein Wolf. (...) Jetzt das Gewehr an die Backe – ein Schuss –, und da liegt er.»*[22] Das Tier am Schwanz hinter sich herziehend, traf er auf einen Genossen, der die Sensation sofort in der Kolonie verbreitete. Nachdem alle, mit Laternen versehen, herausgeeilt waren, musste allerdings festgestellt werden, dass es *«ein Wolf mit einem Halsband»*[23] war.

Eingeschränkt wurden die landwirtschaftlichen Möglichkeiten durch die späte Schneeschmelze im April, *«wo in wenigen Tagen ein halber Meter Schnee zu Wasser wurde».*[24] Das grösste Problem aber bestand darin, dass alle paar Jahre die ohnehin geringen Niederschläge (ca. 40 Zentimeter pro Jahr) noch spärlicher ausfielen. Die Gegend von Kujbyšev ist heute noch berüchtigt für ihre Dürrejahre.[25] In Nova Lava führte die Dürre von 1910 bis 1922 in mindestens drei Jahren zu schlechten bis katastrophalen Ernteergebnissen (in Pud Weizen pro Desjatine):

	Pud		Pud	
1910	100	1917	20	(55)
1911	12	1918	40	(88)
1912	70	1919	70	(110)
1913	70	1920	35	(44)
1914	70	1921	8	(11)
1915	80	1922	100	(143)
1916	80	1923		(88)[26]

Platten wusste wohl von diesem Problem, meinte aber, einseitige Wirtschaftsführung, rückständige Betriebsmethoden und Bodenbehandlung seien für die schlechten Ernten mindestens ebenso verantwortlich.

Der Boden war für vieles geeignet:
«Die Kulturen, die im Gouvernement Simbirsk recht gut gedeihen, sind recht mannigfaltig. Vorwiegend wird Weizen, Roggen, Hafer, Hirse, Kartoffeln, Buchweizen, Hanf, Flachs, Rüben etc. gezogen. Es gedeihen Äpfel, Birnen, alle Strauchbeeren, Melonen, Tabak, Tomaten, Kabis, Kohl, rote Randen. Kohlraben, Blumenkohl, Sellerie, Lauch, Bohnen, Erbsen, Linsen, Radieschen, usw.»[27]
Insbesondere konnten auch Futtergräser und Klee angebaut werden[28], so

dass Viehwirtschaft möglich war, was Platten – einerseits wegen der Verdienstmöglichkeiten, andererseits, weil damit Dürrejahre überbrückt werden konnten – sehr empfahl:

«...wer sich aber einer überwiegend ackerbäuerlichen Tätigkeit hingibt, tut gut, gelegentlich mit einem Fehljahr zu rechnen. Zu einer solchen Einstellung kann nur ein Bequemlichkeitsstandpunkt führen, denn (...) die Viehwirtschaft (ist) um ein mehreres lohnender.»[29]

Bis zur Gutsübernahme durch die Genossenschaft waren jedoch nur Weizen und Roggen ohne nennenswerten Fruchtwechsel angepflanzt worden.[30] Kein einziger Obstbaum war vorhanden.[31] Als der Haupttrupp auf dem Gut eintraf, waren nur gerade 88 Hektaren mit Winterroggen bepflanzt[32], der Rest waren Wiesen und verunkrautetes Land.[33]

Das Inventar des Gutes beschreibt Anneveldt in seinem Bericht 1925:
«Das Hofareal umfasst folgende Gebäulichkeiten:
- *Wasserturm, 15 m hoch, aus Stein ausgeführt, mit Reservoir für 18 000 Liter*
- *Pumpenhaus, wo das Wasser aus 50 m Tiefe heraufbefördert wird*
- *Mühle mit Lokomobilraum und zwei Lokomobilen*

Das grosse Haus in Nova Lava, Bäckerei und Wohnsitz der Familie Frick.

- *Vollgattersäge*
- *Dreherei mit aus der Schweiz mitgebrachter Drehbank*
- *Schreinerwerkstatt*
- *Schmiede*
- *Wagnerei*
- *Sattlerei*
- *Bäckerei*
- *Eiskeller (demoliert)*
- *Maschinenhalle*
- *zwei je dreiteilige Kornhäuser*
- *drei Magazine*
- *grosse Scheune*
- *Schafstall ohne Schafe (...)*
- *Pferdestall mit drei Hengsten, vier Stuten, neun Wallachen und einem Fohlen*
- *Kuhstall mit einem Muni, acht Kühen und acht Rindern (...)*
- *Schweinestall mit 25 Schweinen*
- *Hühnerhof mit zirka 40 Hühnern*
- *Bureauraum (gleichzeitig Unterhaltungs-, Versammlungs- und Bildungslokal)*
- *ferner 21 Zwei- und Dreizimmerwohnungen, alle einstöckig, von denen 19 aus Holz und zwei aus Lehm mit Stroh gemischt.*

Der gesamte Hofraum absorbiert eine Fläche von etwas über sieben Desjatinen, also mehr denn 21 Jucharten.»[34]

Bei der Ankunft des Haupttrupps im März 1924 war jedoch ein Grossteil dieser Gebäude noch nicht benutzbar. Von den landwirtschaftlichen Maschinen, die Süss aufgezählt hatte[35], insgesamt 33[36], war «*nur ein ganz bescheidener Prozentsatz in gebrauchsfähigem Zustande; der grösste Teil war nicht mehr zu reparieren»*[37], und das vom Sovchos übernommene Vieh passte «*zum grossen Teil höchstens noch in eine Wursthaut».*[38]

Die ersten drei Monate

Das Gepäck des Haupttrupps traf wiederum verspätet ein, vermutlich Mitte April.[39] Trotzdem machten sich die Neuangekommenen «*mit einem schönen Elan»*[40] an die Arbeit. Für das Pflügen und Säen war es noch zu früh – die Schneeschmelze hatte erst gerade begonnen –, doch wurde Mist geführt, Holz für die Lokomobile geschlagen; Pflüge und Maschinen wurden repariert, Möbel hergestellt. Die Mühle, die einzige Einnahmequelle bis zur Ern-

Familie Frick im Grossen Haus in Nova Lava. Dieses Bild war offenbar als Neujahrsgruss in die Heimat gedacht, wie der auf einen Karton gemalte Wunsch «Nowa Lawa Prosit Neujahr 1925» erkennen lässt.

te, war jeden Tag während 16 Stunden in Betrieb. Fast alle Lebensmittel für die inzwischen 74 Personen umfassende Kolonie[41] mussten auswärts erstanden werden, teils von den Dorfbewohnern im Tausch gegen Medikamente, Kleider, Hausrat etc.[42], teils in Kanadej, wo sich der nächste Laden befand.[43] Gekocht wurde bis zum Eintreffen der Fahrhabe in zwei Küchen.[44]

Wie schon aus Danilinas Schilderung der Ankunft hervorgeht, waren einige mit falschen Erwartungen nach Nova Lava gekommen und hatten Mühe, sich an die neuen Lebensbedingungen zu gewöhnen:

«Die Gründung einer Kolonie ist eben etwas wesentlich anderes, als eine Ferientour auf den Uetliberg. Da heisst es hin und wieder in die Hände gespuckt und auf die Zähne gebissen.»[45]

Besonders den *«diversen besseren Hälften»*, die *«noch nie von der Mutter Schürze weg»* gewesen waren, sei es nicht leicht gefallen, *«ihr manchmal etwas leicht erschüttertes seelisches Gleichgewicht»*[46] wiederzufinden. Es kam zu ersten *«kleinlichen Reibereien»*. Die eine Küche fühlte sich bei der Zuteilung der Milch benachteiligt, eine Familie, *«welche ihren Küchentisch oder Bank acht Tage nach der anderen Familie antreten konnte»*[47], fand sich ungerecht behandelt. Am schnellsten gewöhnten sich die Kinder an die neue Umgebung: *«es gefällt ihnen allen besser als in der Stadt.»*[48]

Nachdem das Gepäck angekommen war, der letzte Schnee geschmolzen, konnte in der zweiten Hälfte April mit der Feldarbeit begonnen werden. Da allerdings der Traktor, kaum angekommen, wegen Überstrapazierung nicht mehr benutzt werden konnte[49], musste man im Nachbardorf wohnhafte Tataren anstellen.[50] Angepflanzt wurden:

- 79 ha Weizen
- 46 ha Hafer
- 4,4 ha Kartoffeln[51]
- 12 ha Hirse
- 2 ha Gemüse, Bohnen[52]

88 Hektaren Winterroggen waren vom Sovchos übernommen worden. Erstaunlich ist, dass soviel Weizen und so wenig Kartoffeln gepflanzt wurden, nachdem E. Graf geschrieben hatte: *«Die Kartoffeln sind sehr gross; die Weizenkörner sind etwas kleiner wie bei uns.»*[53]

Mit der Fahrhabe war auch das Autogenschweissgerät eingetroffen[54], so dass nun bisher unmögliche Reparaturen vorgenommen werden konnten. Mitte Mai konnte die Vollgattersäge in Betrieb genommen werden.[55] Auch die anderen Handwerksarbeiten wurden, soweit die Feldarbeit Zeit dazu liess, vorangetrieben. Am 18. Mai berichtet E. Graf, alle Familien seien schon *«mit Bettgestellen, Tischen und Bänken versehen»*, und zwei weitere *«Einfamilienhäuser»* seien schon bald fertig gestellt.[36]

Die Dürre

Am 18. Mai schrieb E. Graf, trotz kühler Witterung habe die Saat sehr gut gekeimt und die Frucht sei schon über 10 Zentimeter hoch.[57] Auch Anfang Juni meinte Platten noch über die Genossenschaftsgründung: *«Es war ein waghalsiges Unternehmen – es ist gelungen! (...) Auf dem Lande geht's rapid in die Höhe.»*[58] Wenig später ist die Illusion zu Ende. Am 22. Juni schreibt Mundwiler:
«Nach Aussagen der hiesigen Bauern ist dieses Jahr eines der schlechtesten, dessen man sich erinnern kann (...). Eine kürzere Regenperiode, die (nach der Saat) *einsetzen hätte müssen, um den Feuchtigkeitsgehalt der Erde zu vervollständigen, blieb aus. Statt dessen kam trockenes, kaltes Windwetter, allerdings ohne Nachtfröste. (...) Alles, was wir an Regen seit der Schneeschmelze erhalten haben, waren zwei kleinere Gewitter. Statt des Regens Wind und*

dazu manchmal eine Hitze, die schon mittags 36 Grad im Schatten erreicht hatte. Die Saat war schön aufgegangen. Nun ist aber mit Ausnahme der Wintersaat, die noch eine schwache Ernte geben wird, alles dahin. Die Felder liegen rostig rot im Brande der Sonne. Heu ist keines zu erwarten, ausser dem aus dem Walde zu holenden. Was aus den Kartoffeln wird, kann noch kein Mensch sagen. Merkwürdigerweise erstreckt sich die Trockenheit bloss auf einen Umkreis von 90 Kilometern.» [59]

Die Bauern begannen Prozessionen zu veranstalten, die «*den obersten Wettermacher veranlassen* (sollten), *mit seinen so lange vorenthaltenen Gaben herauszurücken.*» Und die Mitglieder der Genossenschaft? «*Was nun? Verzweifeln?*» [60] Nein, sie setzten ihre Hoffnungen auf die sowjetische Regierung, die ihnen direkt oder indirekt (Aufträge für die Sägerei) helfen würde.

Zu diesem Zeitpunkt, da feststand, dass die Ernte schlecht ausfallen würde, ereignete sich ein Vorfall, der die Kommunarden erschütterte. Ernst Graf, im Februar mit dem Haupttrupp nach Nova Lava emigriert, starb völlig unerwartet am 16. Juli 1924 im Alter von 27 Jahren. Dies geschah so plötzlich, dass ein Kolonist die Familie des Verstorbenen in der Schweiz beruhigen musste, «*es liege (...) absolut kein Grund vor anzunehmen, Ernst sei eines unnatürlichen Todes gestorben.*» [61] Der Krankheitsverlauf war auch dazu angetan, jene Vermutung, die nicht zutreffen dürfte, aufkommen zu lassen: E. Graf starb nach nur anderthalbtägiger Krankheit, die eigentlich von den Symptomen her (Durchfall, Erbrechen, erhöhte Temperatur) harmlos erschienen war. [62]

Von Schweizer Kolonisten erbautes Holzhaus in Nova Lava.

Die Gräber von Peter Platten (gestorben 1925) und Ernst Graf (gestorben am 16. Juli 1924) in Nova Lava.

Nach der Ernte wurde das Ausmass der Verheerung offenbar:

Durchschnittsernten pro Desjatine 1910–1913		Ernte 1924
	Pud	Pud
Roggen	57	10
Weizen	50	2
Hafer	49,5	5
Kartoffeln	420	200
Heu	8000	300[63]

Hoffnungen, mit Mühle, Sägerei und Milchwirtschaft die Verluste teilweise ausgleichen zu können, erfüllten sich nicht: «*Sie vermögen bei weitem nicht das grosse Loch zuzustopfen. Die Sache macht ein ziemlich böses Gesicht.*»[64] In einer reichlich unklaren Rechnung Plattens taucht sogar ein «*Defizit aus Industriebetrieben*» auf, das allerdings nur Rbl. 44.15 (Fr. 130.–) betrug.[65]

Die Missernte hatte vier unangenehme Folgen: Die finanzielle Situation der Kommunarden wurde immer kritischer, einige verloren das Vertrauen in die Zukunft der Genossenschaft und verliessen Nova Lava, der Speisezettel wurde recht eintönig, und in der Schweiz veranstalteten die Zürcher Gewerkschaften eine Sammlung für die Kolonisten, die der bürgerlichen Presse willkommene Munition lieferte.

Der Wegzug der ersten Kommunarden

Die von Anfang an vorhandenen zwischenmenschlichen Schwierigkeiten, Eifersüchteleien etc. führten im Juni, als feststand, dass es eine Missernte geben würde – Sophie Sauter äusserte später die Ansicht, ohne die Dürre hätten *«alle diese Reibereien»* mit der Zeit überwunden werden können[66] – zu einem ersten Eklat:

«An einem Sonntag entschlossen sich 5 Genossenschafter, ein günstiger gelegenes Gut ausfindig zu machen, was ihnen auch gelang. Der Vorstand und anschliessend eine Generalversammlung befassten sich nun mit dieser Angelegenheit, weil diese 5 Mann auch ihre Forderungen in bezug auf Herausgabe von Maschinen, Geräten, Geld & sonstige Hilfsmittel stellten. Diese Instanzen entschieden sich nun in ablehnendem Sinne für dieses Vorhaben. Sie fügten sich dann auch diesem Beschlusse. Ein erspriessliches Zusamm.arbeiten war jedoch nicht mehr möglich, weil diese 5 Mann keinen Arbeitseifer mehr bekundeten; zu spät bei der Arbeit antraten und sich keiner Disziplin & Ordnung mehr fügten. Zu dieser Zeit (Ende Juni/Anfang Juli)[67] *kam ein Dr. Schaffner als Gründer von Genossenschaften auf das Gut und nahm bei dieser Gelegenheit die Anmeldung von diesen 5 Familien zur Gründung einer neuen Genossenschaft entgegen. Bis die Verträge und alles übrige in Ordnung waren, wurde es Herbst. Unter diesen 5 Mann entstanden abermals Differenzen, so dass in der Folge bloss 2 Familien abreisten.*[68] *Zwei weitere ledige Genossenschafter reisten ebenfalls ab, der einte* (sic) *nach Moskau, der andere nach der Urkranie* (sic), *um in der Industrie ihr Auskommen zu finden.»*[69]

So schildert Sophie Sauter die Umstände, die zum Wegzug einiger Kommunarden führten. Frederik Anneveldt erwähnt in seinem Bericht in der «Schaffhauser Arbeiter-Zeitung» im März 1925[70] noch weitere Wegzügler, behauptet aber, sie seien von vornherein nur nach Nova Lava gekommen, um es als Sprungbrett für eine passendere Beschäftigung zu benutzen. Eine fünfköpfige Familie habe im Laufe des Jahres 1924 ihren Wunsch erfüllt gesehen, in der Industrie Beschäftigung zu erhalten[71]; ein weiterer Genosse der Metallbranche habe in Sibirien eine Arbeit in der Industrie gefunden und schreibe begeisterte Briefe; ein Professor der Mathematik habe die erwünschte Dozentenstelle an der Universität Marxstadt erhalten[72], und zwei Bureauangestellten[73],*«unter ihnen das berühmte ‚abenteuerlustige Fräulein'»*, sei es ebenfalls gelungen, *«Tätigkeit und Anlagen entsprechende Wirkungskreise zu erhalten»*. Alle hätten ihre Anstellung *«durch die freundlichen Bemühungen des Genossen Platten»* erhalten.

Ende 1924 verliessen noch zwei weitere Genossenschafter, Jäggi und Casa-

nova, mit ihren Familien[74] Nova Lava im Streit. Im Gegensatz zu den anderen Wegzüglern, die alle in der Sowjetunion blieben, kehrten diese in die Schweiz zurück. Anneveldt bezeichnet «*die beiden Genossen*» milde als «*typische Romantiker*» und meint:
«*Es ist natürlich nicht das Gleiche, im Sonnenbrand während langen Arbeitstagen sich intensiv auf dem Felde zu betätigen, als in Cowboy-Bekleidung und Wild-West-Hut durch Flur und Wald zu streifen und auf Raubtiere zu warten, die nicht kommen wollen.*»[75]
Mundwiler hingegen warnte schon Mitte Dezember in einem Brief[76] die Schweizer Genossen vor diesen Heimkehrern, da sie wohl «*allerlei Tartarennachrichten*» (sic) über Nova Lava verbreiten würden. Er, der nie ein Blatt vor den Mund nahm – er hatte schon im April angedeutet, dass es unter den Kommunarden solche gab, «*die glaubten, mit ihren paar lumpigen Fränklein hier eine Ruhestätte zu erkaufen*»[77] – Mundwiler also begrüsste das Ausscheiden Jäggis und Casanovas mit unzweideutigen Worten:
«*Ich persönlich begrüsse diese ‚Blutreinigungskur' im Genossenschaftskörper. (...) Meines Erachtens ist es für das Bestehen und Gedeihen der Genossenschaft vorteilhafter, solche das Gleichgewicht störende Elemente auszuscheiden oder ausscheiden zu lassen.*»[78]

Schon bald nach der Rückkehr der beiden Familien bewahrheiteten sich Mundwilers Befürchtungen bezüglich «*Tartarennachrichten*». Am 18. Februar erschien im «Schaffhauser Intelligenzblatt» ein Artikel mit dem bezeichnenden Titel «*Die Genarrten Fritz Plattens*», in dem die Erfahrungen der beiden reumütigen Heimkehrer geschildert und eine ganze Reihe von Behauptungen und Beschuldigungen erhoben wurden[79]:

– Platten und Sauter hätten diktatorisch bestimmt, wer welche Funktionen übernehmen sollte: «*‚Du wirst Knecht und Du wirst Verwalter sein'*»
– Die Ernährung sei unzureichend gewesen.
– Die Zwistigkeiten zwischen den Genossenschaftern hätten zu regelrechten Prügeleien geführt:
«*Versammlungen der Genossenschafter endeten meist mit grossem Streit, und gelegentlich gab's mächtige Keilereien. Die Feindschaft unter den Kolonisten wurde so stark, dass die Parteien mit Revolvern zu ihrer Arbeit ausrückten. Namentlich herrschte zwischen den Schaffhausern und Zürchern eine starke Rivalität.*»
– Küng, Stäuble, Hediger und Brand hätten Nova Lava aus diesem Grund verlassen.
– Der Agronom der Kolonie (E. Süss?) sei inkompetent.
– Die Emigranten hätten «*18 und mehr Stunden am Tag*» hart arbeiten müssen.

– Die Bodenverhältnisse seien sehr ungünstig.

Der Artikel gipfelte in der Erkenntnis, «*dass der Kommunismus für einige wenige ein behagliches Dasein schafft, für die arbeitende Masse aber lediglich Entbehrung, Elend, Verarmung und Sklaverei bedeutet. (....) Harte Arbeit bei mehr als primitiver Lebensführung und kärglichster Nahrung, das war der Tausch, der den Auswanderern von Nova Lava blühte.*»

In späteren Artikeln[80] wurde die angebliche Arbeitszeit auf «*oft 12 bis 14 Stunden*» reduziert, doch es kamen noch weitere Vorwürfe hinzu:

– Platten hätte ihnen ursprünglich einen achtstündigen Arbeitstag verheissen.
– Diejenigen Genossenschafter, die nicht die ganze Kapitaleinlage von Fr. 3500.– zu leisten vermocht hatten, würden durch die grösseren Anteilzeichner unterdrückt.
– Durch die inkompetente Leitung sei das Unternehmen in Schulden geraten und «*das wertvollere Inventar wie Traktor und Drehbänke*» hätte verpfändet werden müssen.
– Es sei zeitweise zu wenig Geld vorhanden gewesen, um Brot zu kaufen.
– Platten habe das Geld der Genossenschaft mit Reisen verschwendet, deren Zweck und Wichtigkeit unbekannt geblieben seien.
– Es sei noch nie eine Abrechnung vorgelegt worden.

Dass die Kolonisten zeitweise, zumindest während der Saatzeit, täglich viele Stunden arbeiten mussten, trifft sicher zu. Dass die Ernährung knapp war, wird ebenfalls mehrfach bestätigt.[81] Alle anderen Vorwürfe sind weder beweisbar noch definitiv widerlegbar. Immerhin scheinen die meisten stark übertrieben und einige auch völlig aus der Luft gegriffen. Die «Schaffhauser Arbeiter-Zeitung» veröffentlichte am 25. Februar eine Entgegnung der Redaktion und am 20. März eine Entgegnung Sauters, doch in keiner von beiden wird sachlich auf die Vorwürfe eingegangen. Stattdessen werden die Personen Jäggis und vor allem Casanovas unter Beschuss genommen: Casanova sei ein «*fauler Hund*» und «*einer derjenigen gewesen (...), die glaubten, in Russland eine Ferienkolonie anzutreffen und sich dort nach Belieben beschäftigen zu können*».[82] Er habe «*wegen Diebstahl und wegen Misshandlung von Vieh und Unordnung im Stalle*» bestraft werden müssen. Er und Jäggi hätten «*wohl ihre Wochenleistung mit Tagesleistung verwechselt*». Und sie hätten, was erst nach der Abreise ausgekommen sei, «*Säcke, Feilen, Bohrer und anderes mehr, die der Genossenschaft gehören, an Bauern in Nowa Lawa und Svetli verkauft...*»[83] Anneveldt schreibt später noch, Casanova und «Jegge» hätten zwei Wölfe gegen ein paar Schuhe erstanden und auf Kosten der Genossenschaft gefüttert:

«Ein köstlicher Anblick bot es, wenn Pappeli Jegge mit seinem Wolf an der Kette und Mammeli Jegge mit einem Güggel, den sie an einer Schnur mit sich führte, über den Hof stolzierten, zum Gaudium unserer Genossen und der Russen, die sich weidlich über sie belustigten.» [84]
Den Kern der Angelegenheit trifft vielleicht W. Brand, der meint, Casanova sei einfach ein *«armer Kerl»* gewesen.[85]

Im Februar 1925 hatte ein NZZ-Kommentator grossartig erklärt: *«Sollte es sich darum handeln, den Auswanderern die Rückkehr zu erleichtern, dann wird Mutter Helvetia Herz und Hand öffnen müssen».*[86] Trotzdem waren Jäggi und Casanova die einzigen Sowjetunion-Emigranten, die je vom Bund Geld für die Rückkehr in die Schweiz erhalten haben, wenn auch nur Fr. 80.–.[87] Obwohl dieser Betrag zur Heimschaffung zweier Familien sicher nicht ausreichte, stand die Tatsache, dass überhaupt etwas gegeben wurde, in krassem Widerspruch zur sonstigen Politik des EPD. Es wurde prinzipiell an Leute, die nach 1917 in die Sowjetunion ausgereist waren, zur Rückschaffung kein Geld gegeben, da sie *«auf eigenes Risiko»* ausgereist waren und nicht als eigentliche Russlandschweizer galten, die auf Kosten des Bundes heimgeschafft wurden. Russlandschweizer definierten sich auch 1938 noch als Leute, die durch die russische Revolution in eine Notlage geraten waren[88]: *«Diese Vergünstigung wird grundsätzlich nur denjenigen Landsleuten gewährt, die bereits vor der Revolution in Russland ansässig waren.»*[83] Somit wurde ein Gesuch von Palmira Brand abgewiesen, nachdem bekannt geworden war, dass ihr Mann Mitglied der KPS gewesen und aus Begeisterung für die kommunistische Idee ausgewandert war[90]: *«Es können daher Hilfsmassnahmen (...) leider nicht in Frage kommen.»*[91]

Im März 1925 waren somit statt der ursprünglich 74 Kommunarden noch 54 in Nova Lava.[92] Einige neue Kolonisten waren dazugestossen: 1924/25 wurde je ein Kind geboren, und E. Frick, der in der Schweiz geblieben war, um die Subventionierungsangelegenheiten zu regeln, kam im August 1924 mit seiner Familie nach.[93]

Die Ernährung und die finanzielle Situation nach der Missernte

Am 9. Januar erschien im «Öffentlichen Dienst», dem Organ des Staatsarbeiterverbandes – *«Privatbriefe ängstlicher Kolonisten oder momentan verärgerter Kollegen dürften wohl Anlass gewesen sein»*[94] – ein Aufruf der Zürcher Sektion, «entbehrliche Kleider, die in Russland sehr gut gegen Lebensmittel *umgetauscht werden können, haltbare Lebensmittel und Bargaben»* für die *«Kameraden in Nova Lava»* zu spenden, da sich in der Kolonie *«ein gewisser Mangel an Lebensmitteln»*[95] spürbar mache. Obwohl ausdrücklich betont wurde, *«dass die Schweizerkolonie in Nowa Lawa nicht mit Bittgesuchen an uns gelangt ist»*, vielmehr die Sammelaktion ausschliesslich auf die Initiative der Zürcher Gewerkschafter zurückgehe, *«um (...) unsere Sympathie zu zeigen»*, stellte es sich rasch heraus, dass die Idee kontraproduktiv gewesen war. Die bürgerliche Presse, allen voran das «Schaffhauser Intelligenzblatt»[96] und die «Neue Zürcher Zeitung»[97], schlug aus dem Spendenaufruf Kapital für eine Kampagne gegen Fritz Platten, die Sowjetunion und den Kommunismus ganz allgemein, die, genährt durch die Berichte Jäggis und Casanovas, bis in den Frühling hinein dauerte und auch ausländische Zeitungen wie die «Deutsche Tageszeitung», die «Deutsche Zeitung» und das Organ der tschechischen Sozialdemokraten «Právo lidu» umfasste.[98]

Als erstes wehrte sich die «Schaffhauser Arbeiter-Zeitung» am 15. Januar gegen die Lügen *«des satten Verlegers Meier* (vom Schaffhauser Intelligenzblatt), *dem die hungernden Proleten der Welt, der Schweiz und Schaffhausens bisher nie den Appetit verdorben haben»*[99]:
«(Die Kolonisten) *sahen sich gezwungen, ihren Verbrauch etwas einzuschränken und mit ihren Mitteln sorglicher, als vorgesehen war, umzugehen. Hunger leidet jedoch keiner der Kolonisten. (...) Sie waren und sind sich bewusst, dass sie nur durch harte Arbeit und unter mancherlei Verzicht auf die glorreichen Errungenschaften unserer Zivilisation ihr Ziel erreichen würden. Jeder Einzelne musste sich an Ort und Stelle prüfen, ob er wirklich Kommunist oder nur ein unzufriedener Kleinbürger sei.»*[100]
Trotzdem erneuerte die «Schaffhauser Arbeiter-Zeitung» den Spendenaufruf, allerdings nur *«nach Tabak, nach Stumpen, nach alten Kleidungsstücken usw.»*[101]

Am 27. Februar – inzwischen war in der NZZ ein Artikel erschienen, der in dem Satz gipfelte: *«Den von Platten verführten Emigranten wartet daher nur die Entbehrung bis zum Tode»*[102] – wurde im «Öffentlichen Dienst» ein Brief der «Genossenschaft Solidarität» veröffentlicht, in dem die Gewerkschafter gebeten wurden, *«zur Zeit von einer Hilfsaktion Umgang zu nehmen»*. Die Ernährungssituation wurde ausführlich geschildert und festgestellt, *«dass mehr die Abweichung von Schweizer Gewohnheiten Ursachen von Unbequemlichkeiten sind und nicht angebliche Hungerrationen».*[103]
Ins gleiche Horn stiess ein Artikel Plattens mit dem ironischen Titel *«Schweizer Kolonisten verhungern!»*, der im «Kämpfer»[104] und in der «Schaffhauser Arbeiter-Zeitung»[105] erschien. Daraus ist die folgende Tabelle entnommen:

Wochenration:

Produkte	Ration in Zürich	Preis in Zürich 1919 (Kopek.)	Preis in Nowa-Lawa 1924 (Kop)	Ration in Nowa-Lawa	Preis in Nowa-Lawa (Kop.)
Fleisch, Wurstwaren und Fische	gr. 617	141	16	gr. 884	22
Brot, Mehl und Teigwaren	gr 2852	85	53	gr 4334	79
Milch u. Rahm	lt. 7,6	122	42	lt. 3,1	18
Butter, Fette und Oele	gr 327	85	22	gr 389	27
Eier	St. 2	37	4	St. 2	4
Zucker	gr 485	27	34	gr 189	13
Kartoffeln	gr 1800	15	4	gr 5238	9
Hülsenfrüchte	„ 135	6	1	gr 782	6
Total		518	176		178
Obst	gr 2461	45	—	—	—
Backwaren	—	23	—	—	—
Gemüse¹)	—	23	—	—	23
Käse	gr 126	22	—	—	—
Kakao und Schokolade	gr 83	15	45	—	—
Honig und Konfitüre	gr 187	15	19	—	—
Fertige Mahlzeiten	—	12	—	—	—
Kaffee und Surrogate²)	gr 65	12	45	gr 192	3
Südfrüchte	—	10	—	—	—
Gries, Mais und Gerste	gr 235	10	—	—	—
Suppenpräparate	—	8	—	—	5
Reis	gr 145	6	7	—	—
Diverses	—	7	—	—	5
Total in Kopeken		733			214

¹) Unsererseits wurde viel Gemüse abgegeben. Ich setzte gleichen Wert, weil eine genaue rechnerische Ermittlung nicht möglich ist.

²) Die 192 Gramm bedeuten geröstete Weizenkörner, d.h. wir trinken nur Malzkaffee.

Die Zahlen geben die Verbrauchsmengen einer Person pro Woche an. Die Angaben für Nova Lava beziehen sich auf «*die schwerste Zeit*» vom 15. September bis zum 31. Dezember 1924, die Angaben für Zürich auf den statistischen Durchschnittsverbrauch in einer Zürcher Familie 1919.

Platten rechnet ungenau: An Fleisch, Fischen und Wurstwaren wurden in einer Arbeiterfamilie 1919 in Zürich 586 Gramm pro Person verbraucht, nicht 617; an Brot, Mehl und Teigwaren 3026 Gramm, nicht 2852 Gramm; an Milch und Rahm 8,0 Liter, nicht 7,6 Liter; an Butter, Fetten und Ölen 312 Gramm, nicht 327 Gramm etc.[106] Wie zuverlässig die Angaben für Nova Lava sind, lässt sich nicht abschätzen.

Verhungert ist jedenfalls niemand. Allerdings waren verschiedene Lebensmittel nur in geringen Mengen oder gar nicht erhältlich. Hauptbestandteile der Ernährung waren Brot und Kartoffeln. Darüber mag auch die ironische Bemerkung von F. Anneveldt nicht hinwegtäuschen: «*So haben wir leider den Konsum von Austern und Kaviar ganz bedeutend einschränken, zuletzt*

Holztransport im Februar 1926.

sogar einstellen müssen.»[107] A. F. Danilina beschreibt diese Zeit folgendermassen:
«Abends gab ich die Lebensmittel aus. Jede Familie erhielt ihre Ration, das wurde alles in ein Buch eingeschrieben. Allerdings gab es wenig Produkte; wir verteilten alles absolut gleichmässig. Die Ausgabe erfolgte für zwei Wochen. Wir kauften auch bei den Bauern Lebensmittel ein. Das heisst, wir kauften nicht, sondern tauschten sie gegen Kleidungsstücke und Hausrat ein. Damals war das Leben schwer.»[108]
Adolf Zöbeli erinnert sich:
«So gab's z.B. eine Ovomaltine-Büchse voll Zucker pro Familie im Monat! – und Kaffee sowieso keinen, und Geld natürlich auch nicht. Dafür blühte der Tauschhandel um so mehr. Für ein altes Hemd z.B. erhielten meine Eltern einen ganzen Monat lang Milch für uns zwei Buben von den Russen.»[109]

Am 1. Januar 1925 sollen laut Platten die Lebensmittelrationen wieder erhöht worden sein[110], und am 21. Februar berichtete die Zeitschrift «Ékonomičeskaja Žižn'»[111] von folgenden Wochenrationen pro Person: 750 bis 1250 Gramm Fleisch; 4,5 Kilo Brot; 7 Liter Milch; 7 Eier; 670 Gramm Hirse und Erbsen und 500 Gramm Butter. Diese Rationen seien jedoch immer noch ungenügend:
«Cette ration ne suffit qu'à ceux qui n'ont pas les moyens de se procurer autre chose. Ceux qui ont de l'argent disponible ou des effets à échanger se rendent chez les paysans pour se procurer des produits supplémentaires, en viande ou en lait.»
Es ist somit anzunehmen, dass die Mengenangaben nicht der Wahrheit entsprechen.

Im April 1925 erreichte die bürgerliche Kampagne gegen Platten und die Sowjetunion einen neuen Höhepunkt, so dass sich jener veranlasst sah, in der «Inprekorr» eine ausführliche Gegendarstellung zu veröffentlichen.[112] Darin verteidigt er sich gegen die Vorwürfe, die Genossenschaftsgründung sei von ihm schlecht vorbereitet worden, und gegen die Behauptung, der sowjetische Staat leiste den Kommunarden keinerlei Hilfe, sondern ziehe nur überhöhte Steuern ein. Seine Argumente seien hier nicht alle wiederholt. Jedenfalls stellt sich heraus, dass die Genossenschaft für drei Jahre von den Steuern befreit worden ist, und dass Platten für die Genossenschaft verschiedene Kredite erhalten hat:
«Als Präsident der Genossenschaft ersuchte ich die Agrarbank in Sysran um einen Kredit von 1000 Rubeln, er wurde glatt bewilligt. Ich stellte in Moskau das Gesuch um 5000 Rubeln Darlehen, es wurde zinslos gewährt.»
Zum Schluss gibt Platten eine *«Abrechnung und Bilanz»* und fügt hinzu, dies sei *«die nackte Wahrheit»*:

Rechnung:

	Rubel
Haftendes Genossenschafterkapital	26,568
Investition und Übersiedlungskosten	27,686
Betriebskapital für 1923/24	− 1,118

Aktiven:

	Rubel
Kassa und Wertschriften	212,04
Guthaben	2,160,00
Inventar	50,671,78
	53,043,82

Passiven:

	Rubel	
Narkomsem (Landwirtschaftsamt)		27,303,48
Genossenschafterkapital		26,568,23
Darlehen		8,969,40
Passivüberschuß	9,797,29	
	62,841,11	62,841,11

Gewinn und Verlust:

	Rubel
Unkosten	1,945,80
Defizit aus Industriebetrieben	44,15
„ „ Landwirtschaft	7,807,34
	9,797,29 |[113]

Wahr mag die Aufstellung sein, nackt im Sinne von durchschaubar ist sie jedenfalls nicht. Wie ein Betriebskapital negativ sein kann, was mit Unkosten gemeint ist, wieso das vom Sovchos übernommene Inventar, das ja nur gepachtet worden war, unter den Passiven läuft (die 27 303.45 Rubel vom Narkomsem) und das ganze Inventar unter Aktiven, was für Guthaben gemeint sind und woher die 2969.40 Rubel Kredit stammen, deren Herkunft nicht erklärt wird, das alles könnte nur Platten selbst beantworten. Unklar bleibt auch, wo in dieser Darstellung die im Januar erwähnte[114] Kapitaleinlage «*von dritter Seite (I. A. K.)*» (sic, vermutlich die IAH) von 7700.– Rubel erscheint[115], und wieso das landwirtschaftliche Defizit seit damals von 8770.– auf 7807.34 Rubel[116] gesunken ist. Immerhin lässt sich ersehen, dass die Reisekosten entgegen den ursprünglichen Bestimmungen[117] aus dem Genossenschaftskapital bezahlt worden sind und somit vermutlich ca. Fr. 26 000.– betragen hatten.[118] Klar ist auch, dass das Defizit zu hoch ist, um in einem Jahr abgetragen zu werden. Mundwiler hatte schon im Dezember 1924 geschrieben: «*Mag das nächste Jahr auch ein ganz gutes sein, den in diesem Jahr entstandenen Schaden vermag es unter keinen Umständen ganz auszuheilen.*»[119]

Die Kolonisten auf der Fahrt zum Markt in Kanadej.

Um den Schaden in Grenzen zu halten, bemühte sich Platten schon im Dezember[120] um Staatsaufträge für die Sägerei, die er, allerdings erst im Februar, auch erhielt. Hediger:
«Wir übernehmen nächstens, durch unseren Fritz Platten vorbereitet, ein grosses Holzgeschäft für Asneft.[121] *Das ist ein Unternehmen für Belieferung von Bauholz für die Petroleumsgewinnung im Süden von Baku.»*[122]
Laut Anneveldt ging der Auftrag «*in die Zehntausende von Rubeln*». Etwa 50 Bauern seien dazu zusätzlich angestellt worden und gigantische Zukunftsperspektiven täten sich auf:
«Sehr wahrscheinlich wird, da der Asnjeft (...) für Bohrtürme ungeheuren Holzbedarf aufweist – dieser Auftrag zu einem kontinuierlichen Lieferungsvertrag führen. (...) trat man an uns heran zwecks Lieferung von 5000 Blockhäusern mit Veranda – eine Bagatelle im Betrage von rund 5 Millionen Rubeln.»[123]
Daneben bestand übrigens der Plan, zwecks Behebung des Defizites aus den im Frühjahr blühenden «Maierisli» Parfum herzustellen.
«Fritz Platten sondierte auch dies anlässlich eines seiner Moskau-Besuche, aber die russische Regierung hatte damals andere Sorgen und Probleme zu lösen, besonders nach Lenins Tod.»[124]

Das Verhältnis zur einheimischen Bevölkerung

A. Hediger schildert das Bäumefällen für den Sägereiauftrag folgendermassen:
«25 Russen fällen nur Bäume, 40 Bauern mit 80 Pferden leiten den Transport; unser sieben Mann mit 14 Pferden bleiben im Stall als Reserve; die anderen Genossen besorgen die Kontrolle der Arbeit.»
Kein Wunder schloss der Bericht mit den Worten: *«Ja, es ist wirklich lustig, ein solch (...) Leben mitzumachen.»*[125]

Es ist immer wieder betont worden[126] – auch von den enttäuscht heimgekehrten Genossen Jäggi und Casanova[127] –, dass die Kolonisten ein gutes Verhältnis zur Bevölkerung hatten, und dies scheint auch tatsächlich mehrheitlich der Fall gewesen zu sein. Zwar bemerkten die Schweizer bei ihrer Ankunft in Tjoplovka – in Nova Lava dürfte es nicht anders gewesen sein –, dass sie den Bauern verdächtig waren, die glaubten, *«es kämen neue ‚Burschoi'»*[128], und die «Schaffhauser Arbeiter-Zeitung» schrieb 1928:
«Die Auswanderer haben seinerzeit auch übersehen, dass die russischen Bauern, die vor nicht allzu langer Zeit die Grossgrundbesitzer vertrieben haben und grösstenteils noch keine Kommunisten sind, jeden Kolonisten mit

Melkerinnen in Tjoplovka. Von links nach rechts: P. Vlasova (Russin), B. Hammes (Schweizerin), L. Vollmer (Schweizerin), A. Lariceva (Russin).

einem gewissen Misstrauen betrachten, weil sie hinter ihm einen angehenden Kapitalisten und Grossgrundbesitzer wittern.»[129]
Doch dieses Misstrauen der Bauern nahm offenbar schnell ab. 1925 wurde der Übersetzer der Genossenschaft, ein Russe, zum Gemeindepräsidenten gewählt[130], und ein Jahr später gelang es – die Kolonisten besassen das aktive und passive Wahlrecht –, zwei Genossenschafter (Wäffler und Sommerhalder) in den neunköpfigen Dorfsowjet zu wählen.[131] Die Bauern kamen häufig auf das Gut, um die neuen Maschinen zu bestaunen oder einfach, um bei der Arbeit zuzuschauen[132]; sie luden die Kommunarden in ihre Häuser ein und bewirteten sie, liessen sie auch *«an ihren Familiendampfbädern teilnehmen»*[133]; die Dorfjugend kam zu Tanzveranstaltungen auf das Gut.[134] Eine Schweizer Familie nahm 1924/25 einen zehnjährigen Waisenknaben bei sich auf[135], was allerdings, da ja damals die Lebensmittel rationiert waren, *«vielen ‚selbstgefälligen' Schweizern (lies ‚egoistischen')»*[136] ein Dorn im Auge war. Viele Berichte lobten die Gastfreundschaft, Gutmütigkeit und natürliche Intelligenz der einheimischen Bevölkerung, vor allem aber auch die Tüchtigkeit und den Frohsinn der Frauen:
«Die russische Frau ist zur Feldarbeit sehr tüchtig, sie arbeitet mehr als der Mann, besorgt auch das Vieh. (...) Trotz der schweren Arbeit und ihrer mageren Kost sind die Frauen stets guten Humors und zu Scherzen aufgelegt und machten uns griesgrämige Schweizer zu schanden.»[137]
Trotz all dem sind in den Berichten aus Nova Lava immer wieder Misstöne zu finden, Passagen wie die eingangs zitierte, die darauf schliessen lassen, dass zumindest einige der Kolonisten einer Herrenmentalität huldigten – was auch Wäffler bestätigte, der aussagte, dass die Schweizer gerne die Chefs gespielt hätten.[138] Diese Herrenmentalität ging mit einem Gefühl der ideologischen Überlegenheit einher, dem Gefühl, dem Idealtypus des Neuen Menschen weit näher zu sein als die Bauern, die ja (noch) keine Kommunisten waren:
«In einigen Jahren, wenn wir genügend konsolidiert sind und die russische Sprache einigermassen beherrschen, werden wir daran gehen, (...) ihnen höhere Ansprüche an das Leben beizubringen.»[139]
In dieselbe Kategorie fällt Mundwilers abschätzige Bezeichnung der Bauern als *«Eingeborene»* und die Tatsache, dass bei einem Diebstahl *«der Verdacht (...) sich natürlich (!) auf die Dorfeinwohner»* lenkte.[140]

Die Jahre bis zur Auflösung (1925–1927)

Nach dem Wegzug von Küng, Stäuble, Wildhaber etc.[141] lebten im März 1925 noch 54 Genossenschafter in Nova Lava, auf einem Gut, das laut Platten *«mit Leichtigkeit 100 bis 150 Köpfe, ja sogar das doppelte»*[142] hätte ernähren können. Die Arbeitskräfte reichten nicht mehr zur Bewirtschaftung des Gutes, so dass Russen eingestellt werden mussten: 2 Müller, 1 Heizer, 1 Fuhrmann, 1 Nachtwächter und 2 Handlanger.[143] Einer dieser russischen Arbeiter, Lavrentij Danilin, liess sich später auf Kosten der Genossenschaft in Simbirsk zum Traktoristen ausbilden und heiratete die Schweizerin Anna Burger.[144]

Am 29. April 1925 starb Fritz Plattens Vater, Peter Platten, im Alter von 73 Jahren. Er war überall sehr beliebt gewesen, eine Art Vaterfigur für die Kommunarden.[145]

«An der Beisetzung (am 1. Mai)[146] *nahmen beinahe alle Mitglieder der Kommune und Einwohner von Nova Lava teil. Der Dorfkirchenchor lernte in aller Eile den revolutionären Beerdigungsmarsch ‚Vy žertvoju pali..' und*

Beerdigung des 1925 in Nova Lava verstorbenen Vaters Fritz Plattens, Peter Platten.

Erntefest in Nova Lava am letzten Dreschtag.

sang ihn, während der Sarg hinuntergelassen wurde. Peter Platten wurde auf dem Friedhof von Nova Lava beigesetzt.»[147]

Die Ernteaussichten waren in diesem Jahr vielversprechend. Am 1. Juli berichtete die «Schaffhauser Arbeiter-Zeitung»:
«Der Roggen steht mannshoch und alle Felder und Wiesen sind im saftigsten Grün. Von Mitte Mai bis Mitte Juni fiel reichlich Regen, und falls es im Juli noch zwei Regentage gibt, so rechnen die Kolonisten mit einer sehr guten Ernte.»[148]

Am 18. September wird in der «Schaffhauser Arbeiter-Zeitung» aber nur noch von einer *«Rekordernte»* in der Sowjetunion ganz allgemein berichtet, Nova Lava wird nicht erwähnt.[149] Tatsächlich erschienen nach der kurzen Meldung vom 1. Juli in den kommunistischen Zeitungen bis zur Auflösung der Genossenschaft 1927 nur noch zwei Artikel über Nova Lava, einer anlässlich eines Referates S. Sauters in Schaffhausen im Mai 1926[150], der andere, im Mai 1927, schildert *«Heiteres aus einer sozialistischen Kommune».*[151]

Es dürfte kein Zufall sein, dass ausgerechnet nach der Bekanntgabe der angeblich grossartigen Ernteaussichten die Berichte aufhörten. Denn die Ernte muss wiederum eher mässig gewesen sein. Zwar berichtet S. Sauter:

«Das Jahr 1925 brachte nun der Genossenschaft ein gutes Jahr. Sie konnten ihren Viehbestand vermehren, auch neue Maschinen anschaffen & die alten ausscheiden.»[152]

Doch in Wirklichkeit war der Viehbestand, wie sie ihn angab[153], noch immer ungefähr gleich gross wie bei der Übernahme des Gutes; die Ernte kann nicht gut gewesen sein.[154] Was die Ursache gewesen ist, ob eine Hamsterplage, eine neue Dürre oder etwas anderes, ist nicht zu eruieren. S. Sauter gestand:

«Die Ernte litt allerdings etwas unter der Hamsterplage. Durch Gift konnten allein auf ihrem Gut cirka 24 000 Stück dieser Vieher unschädlich gemacht werden.»[155]

Danilina berichtet hingegen:

«Drei Jahre hintereinander war in unserem Gebiet grosse Dürre. Wir blieben ohne irgend etwas. Wir mussten fast alle unsere Kleider gegen Lebensmittel eintauschen.»[156]

Die «Blutreinigungskur» vom Winter/Frühjahr 1925 hatte offenbar nicht gereicht. Der Wegzug von Kommunarden, häufig im Streite, hielt weiterhin an:

«Den letzten Winter (1925/26) hat nun der letzte ledige Mechaniker auf l. April gekündigt, um sich in der Industrie Arbeit suchen zu können. Er begründete seinen Entschluss damit, dass seine Arbeit von den Mitgliedern nicht geschätzt werde. In der Folge entsprach auch die Generalversammlung seinem Wunsche, unter der Bedingung, dass er die Maschinen noch fahrbereit mache. In bezug auf die Auszahlungen konnten sie ihm nicht mehr das Entgegenkommen zeigen, wie es noch den früheren Forthosen (sic) gemacht hatten. Auf diesen Beschluss hin reiste er sofort nach Moskau ab, um dann dort volle 8 Wochen ohne Arbeit sich durchschlagen zu müssen.

Ein weiterer ähnlicher Fall hat sich zugetragen, seitdem Frau Sauter vom Gute abgereist ist. Der Sohn vom Genossenschafter Herrmann ist mit diesem Frühjahr 18 Jahre und also volljährig geworden. Er entschied sich, nicht als Genossenschafter, sondern als Arbeiter auf dem Gute zu bleiben und verlangte 24 Rubel Monatsgehalt und freie Verpflegung. Da keine Einigung zustandekam, sind Vater & Sohn abgereist, Frau und Tochter auf dem Gute zurücklassend. Diese sagen aus, dass sie nicht wissen, wohin die Männer gezogen seien. Kleinlicher Egoismus & kalter Materialismus haben der Genossenschaft schon schweren Schaden zugefügt.»[157]

Offenbar kehrte M. Herrmann später nochmals nach Nova Lava zurück, holte Frau und Tochter und zog mit ihnen *«und einer anderen Familie»* auf ein 20-Hektar-Gut in Puškino, 30 bis 40 Kilometer nord-östlich von Moskau.[158]

Im Mai 1926 befanden sich noch 10 Familien mit insgesamt 45 Personen auf dem Gut[159], allerdings *«ein guter Stock von Kolonisten, (die) treu & unerschütterlich zusammenhalten, trotz der nicht immer guten Erfahrungen».* Dank russischen Arbeitskräften konnten immerhin ca. 400 Jucharten (ca. 130 Hektaren; 1924: 143,4 Hektaren) angesät werden. *«Die russischen Gesetze* (mussten ihnen gegenüber) *sehr strenge innegehalten werden, in bezug auf Arbeitszeit, Entlöhnung & Ferien.»* Alle zwei Monate erhielt das Gut behördlichen Besuch, wobei die Bücher und die Einhaltung aller Vorschriften kontrolliert wurden.

Über den Alltag auf dem Gut ist leider nur sehr wenig bekannt. Die Kinder der Kommunarden gingen im Winter in die Dorfschule, die 1922 eingerichtet worden war, und konnten deshalb, im Gegensatz zu den Erwachsenen, sehr gut russisch. *«Die Lehrmethode weicht natürlich stark von der westeuropäischen ab. Sozusagen jedes Wort atmet den Geist Lenins.»*[160]

Noch 1926 gab es Frauen, die sich in die Schweiz zurücksehnten. Für sie war die Umstellung am schlimmsten gewesen. Der Haushalt gab *«der Hausfrau bedeutend mehr Arbeit als in der Schweiz»*[161], da einerseits kein Gas, kein Strom, keine Wasserleitungen vorhanden waren, andererseits auch ungewohnte Arbeiten wie Holzspalten, an *«die sie sich nicht so ohne weiteres gewöhnen konnten»,* dazukamen. Darüber, was eigentlich die Aufgaben der Frauen seien, waren die Auffassungen geteilt:
«Einige der Männer waren auch der Auffassung, dass die Frauen nebst dem Garten auch Feldarbeiten besorgen sollten. Man fand schliesslich eine Lösung, indem jeder Frau, welche auf dem Felde mitwirken wollte, 30 Kopeken Taglohn ausbezahlt wurde.»[162]
Danilina berichtet:
«Wir Frauen arbeiteten gleich wie die Männer, es gab keinen Unterschied. Wir droschen, fuhren Garben ein, schleppten Säcke, arbeiteten auf dem Feld. (...) Es war schwer, aber man gewöhnte sich daran.»[163]
Um die Interessen der Frauen zu vertreten, war schon früh eine Frauengruppe gebildet worden, die laut Anneveldt *«manche fruchtbringende und wünschenswerte Anregung»*[164] vorbrachte.

*
* *

Am Schluss ihres Referates im Juni 1926 sagte S. Sauter:
«Wenn unerwünschte Naturereignisse sie dennoch zum Verlassen von ihrem liebgewonnenen Gute zwingen sollten, wäre dies speziell für die Gründer der Kolonie ein schwerer Schlag, der sich hoffentlich nicht verwirklichen wird.»[165]

Im Mai 1927[166] wurde die Genossenschaft Nova Lava aufgelöst, und die Kommunarden siedelten zusammen mit denjenigen von Uvarovo[167] nach Vas'kino über, doch waren es nicht Naturereignisse, die dazu geführt hatten. Laut A. F. Danilina hatten die Kommunarden Fritz Platten gebeten, *«die Kommune näher nach Moskau zu verlegen».*[168] Laut O. Svencickaja war auf Veranlassung Plattens, der den *«personellen Bestand»* der Genossenschaft Uvarovo *«sehr ungenügend»*[169] fand, die Zusammenlegung der beiden Genossenschaften in Vas'kino zustande gekommen. Einer der Hauptgründe dürfte jedoch gewesen sein, dass die Kommunarden einfach genug hatten von den schlechten landwirtschaftlichen Bedingungen in Nova Lava und dem Defizit, das sie dauernd bedrohte. Sie versprachen sich in Vas'kino ein besseres Klima und gute Absatzmöglichkeiten für die Produkte ihrer Milch-Viehwirtschaft, die sie in Zukunft ausschliesslich zu betreiben gedachten – kurz, ein besseres Leben.

Weitere wichtige Gründe werden in der Kontroverse um M. Herrmann deutlich. Herrmann hatte im Frühjahr 1928 Puškino verlassen, nach eigener Aussage, weil er und seine Familie *«auf höheren Befehl einer anderen Truppe Platz machen musste»*[170], nach Informationen der «Schaffhauser Arbeiter-Zeitung», weil er nicht bestimmen wollte, *«wer mit ihm in Puschkino arbeiten dürfe, während die Genossenschaft ‚Karl Liebknecht', der das Gut zugeteilt war, sich ebenfalls ein Mitspracherecht erlaubte.»*[171] Er kehrte mit seiner Frau – seine mit Mundwiler verheiratete Tochter und seinen Sohn liess er in der Sowjetunion – in die Schweiz zurück und erzählte seine Erfahrungen einem Journalisten des «Schaffhauser Intelligenzblattes». Im Vergleich zu den Berichten Jäggis und Casanovas ist der seine viel sachlicher.[172] Abgesehen vom kleinlichen Vorwurf, er hätte vom Einlagekapital zu wenig zurückerhalten – es waren immerhin noch 540 Rubel, und die «Schaffhauser Arbeiter-Zeitung» bemerkte zu Recht, dass die anderen Genossenschafter einen gleich hohen Verlust tragen mussten[173], – nahm er vor allem das kommunistische System unter Beschuss: *«Die Kommunalwirtschaft, für die ich seinerzeit so begeistert worden bin, ist für mich heute das Verwerflichste, das es geben kann.»*[174]

Interessant sind jedoch weniger seine Vorwürfe als die Entgegnungen der «Schaffhauser Arbeiter-Zeitung».[175] Neben den üblichen Beschuldigungen, Herrmann sei ein *«unverträgliches Element»* gewesen, ein *«Anhänger der Privatwirtschaft»*, der in die Sowjetunion gegangen sei, um *«dort Reichtum zu erwerben»* etc., wird, typisch für die damalige Situation, die gekennzeichnet war durch die Verschärfung des Kurses in der Sowjetunion und die Auseinandersetzung um die Bolschewisierung der KPS[176], Herrmanns Ausscheiden aus der Genossenschaft «Karl Liebknecht» u.a. damit erklärt, er habe

sich den Verdacht zugezogen, *«ein konterrevolutionäres Element zu sein.»*[177]
Vor allem aber wird implizite anerkannt, dass auch Inkompetenzen und Zwistigkeiten zwischen den Genossenschaftern zur Auflösung von Nova Lava führten:
«Die Auswanderer verwendeten (...) viel zu wenig Sorgfalt auf die Wahl der Kolonisten. Jeder kann nicht Bauer sein und landwirtschaftliche Arbeiten verrichten und zudem noch in Russland. Nicht jeder hat einen entwickelten Sinn für genossenschaftliche Arbeit.»[178]
Auch Platten gab in einem Gespräch mit Werner Schulthess von der Schweizer Spartakiade-Delegation im August 1928 zu, dass neben klimatischen und finanziellen Schwierigkeiten auch persönliche Differenzen für das Scheitern von Nova Lava verantwortlich waren:
«Die Gründe dafür (für den Misserfolg der Kolonie) *liegen einerseits in den ungünstigen wirtschaftlichen Verumständungen* (sic), *von denen die Schweizergruppe betroffen wurde (Missernte in Nova Lava etc.), andererseits, und das ist wohl das wichtigere Moment, fehlte unseren Genossen der nötige Gemeinschaftssinn, der eben zu einer kollektiven Wirtschaftsführung notwendig ist. Aus der kleinlichen Auffassung heraus, in der wir Schweizer im allgemeinen erzogen werden, ergaben sich dann Differenzen, welche die wirtschaftliche Entwicklung der Kolonie hemmten und dann dazu führten, dass sie aufgegeben werden musste.»*[179]
A. Zöbeli formuliert die *«Moral der Geschichte»* so: *«Mit ‚kleinkarierten Leuten' sollte man nie ins Ausland gehen, denn die haben zu Hause schon genug Probleme!»*[180]

Ein letzter, und nicht zu unterschätzender Grund für die Auflösung der Genossenschaft in Nova Lava war, dass Fritz Platten, der für die Kommunarden eine Integrationsfigur war und mit seinen rhetorischen Gaben immer wieder Zwistigkeiten zu schlichten vermochte, nur selten auf dem Gut war, sondern sich meist in Moskau aufhielt: *«Platten kam nur auf das Gut, um Geld zu bringen.»*[181]

7. Der zweite Versuch: Tjoplovka...

Am 7. Juni 1924 schrieb Platten aus Moskau: *«Mein Plan ist, fünf Sowjetgüter zu belegen, alle um uns* (Nova Lava) *herum.»*[1] Wann dieser Plan entstanden ist, lässt sich nicht sagen. Jedenfalls war schon im März 1924 Rudolf Vollmer mit dem Haupttrupp der Nova-Lava-Kolonisten in die Sowjetunion gefahren, um ein Gut auszusuchen[2], und in der Folge verliess am 1. Juni eine Gruppe von sechs Männern, vier Frauen und vier Knaben die Schweiz, um sich in Tjoplovka, 20 Kilometer von Nova Lava entfernt, niederzulassen.[3] Weiter scheint der Plan Plattens allerdings nie gediehen zu sein, und eine im Juni angeblich kurz bevorstehende Siedlungsgründung durch schwäbische Bauern[4] wird später nie mehr erwähnt.

Tjoplovka lag in einem breiten Tal mit gewaltigen Getreidefeldern, von einem Fluss durchzogen und auf den Höhen beiderseits von grossen Wäldern begrenzt.[5] Wie in Nova Lava hatte das Gut, das die Schweizer übernehmen wollten, früher einem Adligen gehört und lag am Rande eines *«grossen Bauerndorfes»*. Es umfasste ein Herrenhaus, *«ein prachtvoller Steinbau mit 25 Zimmern»*, Wohnhäuser, *«teils aus Holz, teils aus Stein gebaut»*, eine Mühle mit einer 75 PS-Wasserturbine schweizerischer Herkunft, Pferde-, Vieh- und Schweineställungen, aus Ziegelsteinen erbaut und *«mit Eisen gedeckt»*, eine grosse Reithalle, Schuppen, Magazine, Keller und Werkstätten. 285 Desjatinen landwirtschaftlich nutzbares Land waren vorhanden, 35 Desjatinen umfasste der Gutshof mit Weiher und grossem Park.[6]

Der Vortrupp kam am 13. Juni in Kanadej an und begab sich in 40 Einspännern nach Tjoplovka.[7] Dem Haupttrupp von Nova Lava, 56 Personen, hatten 20 Einspännerschlitten genügt, die Tjoplovka-Auswanderer müssen also aus deren Erfahrung gelernt haben und einen grossen Teil der Bagage als «Handgepäck» mitgeführt haben. Der Rest der Habe traf tatsächlich wieder mit grosser Verspätung ein, frühestens Anfang Oktober.[8]

In Tjoplovka bot sich der Gruppe das gleiche Bild wie seinerzeit dem Vortrupp in Nova Lava. Nur gerade ein Haus war bewohnbar, die meisten übri-

Schweizer Kommunarden in Tjoplovka (Simbirsk). Hintere Reihe von links nach rechts: Karl Vogel, Hans Hofstetter, Emilie Hofstetter, Treichler, Aron Kon (Übersetzer), Lina Vollmer, Rudolf Vollmer. Vordere Reihe: Hans Hofstetter, Gerhard Vollmer, Amalie Treichler, Armin Vollmer.

gen Gebäude mussten repariert werden.[9] Das Herrenhaus war so demoliert, dass der anfängliche Plan, es zu einem *«Erholungs- und Ferienheim»* umzubauen, bald fallengelassen wurde: *«Die unverständige Volkswut hat ganze Arbeit gemacht, um den Herrschaften die Wiederkehr zu verunmöglichen.»*[10] Die ersten Monate, bis die besser eingerichtete Schreinerei in Nova Lava Betten liefern konnte, musste auf Strohsäcken geschlafen werden.[11]

Im Gegensatz zu Nova Lava waren auf dem Gut nur wenige Maschinen vorhanden; «lebendes Inventar» fehlte ganz, und musste erst gekauft werden. Für den Eigenbedarf erstand der Vortrupp drei Kühe, drei Pferde, vier Schweine und vierzig Hühner. Der Boden war *«durchwegs gut, zum Teil sehr gut»*. Bis zum 2. Oktober wurden 25 Desjatinen Winterroggen vorbereitet. Am 1. November wurde die Mühle übernommen.[12]

Über die weitere Geschichte Tjoplovkas ist kaum etwas bekannt. Am 31. März verliess der Haupttrupp, 25 Personen, unter der Führung Karl

Hänslers die Schweiz[13] und kam vermutlich am 16. oder 17. April in Tjoplovka an.[14] Die letzte Information stammt von S. Sauter:
«*Der neuen Kolonie von Hänsler-Vollmer gegründet, haben die Novalaver im letzten Sommer (1925) einen Besuch abgestattet und da schon die Auflösung, speziell wegen persönlichen & finanziellen Zerwürfnissen feststellen müssen. Auch das Wasser war so schlecht, dass dasselbe nicht einmal zum Waschen gebraucht werden konnte. Im Herbst hat sich die Kolonie aufgelöst. Genosse Hänsler arbeitet nun in der Industrie. Bollinger, Vollmer, Drachsler und Hofstetter haben in der Nähe von Moskau ein neues Gut angetreten.*»[15]

...und Uvarovo

Das neue Gut war Uvarovo, lag im Kreis Podol'sk, 57 Kilometer von Moskau entfernt und 4 Kilometer vom nächsten Bahnhof, und bestand aus 70 Desjatinen Ackerland, 145 Desjatinen Wald, einem Herrenhaus und einem grossen Fruchtgarten.[16] Die übriggebliebenen Genossenschaftsmitglieder tauften ihr Gut «Iskra», «der Funke».

Kolonisten aus Tjoplovka zu Besuch in Nova Lava (Aufnahme aus dem Jahre 1924 oder 1925, aus der Sammlung Rudolf Vollmers): Von links nach rechts: Lina Vollmer, (wahrscheinlich) Sophie Sauter, Rudolf Vollmer und Adolf Sauter.

Anstelle der Getreidewirtschaft wollten sie eine Milch-Vieh-Wirtschaft betreiben. Da sie aber nicht über das nötige Anfangskapital verfügten, nahmen sie bei der IAH und der Prombank[17] einen Kredit über Rbl. 1575.–, bzw. Rbl. 3500.– auf. Damit kauften sie zu den vorhandenen drei Kühen weitere zwanzig dazu und erreichten innert kurzer Zeit monatliche Bruttoeinnahmen von Rbl. 700.– bis 800.–. Die Kartoffelernte brachte im ersten Jahr 1200 Pud pro Desjatine, Klee wurden 150 bis 200 Pud pro Desjatine geerntet, Hafer 60 Pud.

Als Lohn erhielten die Kommunarden bei 10stündigem Arbeitstag 4 Kopeken die Stunde. Bei einer Sechstagewoche betrug der Monatsverdienst somit 9,6 Rubel. Davon wurden allerdings nur 5 Rubel ausbezahlt, der Rest wurde für die Ernährung sowie Wohnungs- und Unterhaltsausgaben zurückbehalten.

Die Genossenschaft machte im ersten Jahr einen Gewinn von Rbl. 3000.–. Trotzdem wurde Uvarovo im Frühling 1927 aufgegeben, und man bezog zusammen mit den Kommunarden von Nova Lava ein neues Gut.[18] Laut O. Svencickaja lag die Ursache darin, dass das Gut für die wenigen Genossenschafter zu gross war. Der grösste Teil der ursprünglich 39 Tjoplovka-Kolonisten[19] muss somit zuvor abgesprungen sein.

8. Das Mustergut Vas'kino

Das Gut Vas'kino lag 75 Kilometer südlich von Moskau und 9 Kilometer von der Bahnlinie Moskau-Kursk entfernt.[1] Laut Platten umfasste es 350 Hektaren, wovon 138 Hektaren auf Ackerland, 92 Hektaren auf Weideland und 120 Hektaren auf Wald entfielen.[2] Um 1800 hatte es dem Sohn des Schriftstellers und Historikers Michail Ščerbatov, dem Fürsten Dmitrij Ščerbatov, gehört, der darauf zu Beginn der zwanziger Jahre ein Herrenhaus errichten liess. Dort sollen 1825 die Dekabristen Pjotr und Michail Čaadaev, Sergei Murav'jov-Apostol und Fjodor Šachovskoj, Freunde seines Sohnes, verhaftet worden sein. Ende des 19. Jahrhunderts hielt sich Anton Čechov häufig auf dem Gut auf, da er dessen letzten Besitzer, S. I. Šachovskoj, einen Enkel des Dekabristen, gut kannte.[3]

Als die Kommunarden das Gut im Mai 1927 übernahmen, waren das Herrenhaus und die übrigen Wohn- und Wirtschaftsgebäude stark reparaturbedürftig. Ein Kuhstall konnte nur noch abgebrochen werden. Es war zwar ein Tierbestand von 43 Kühen, 3 Ochsen und 22 Pferden vorhanden, doch mussten 23 der Kühe «*beseitigt*» werden, da sie zu wenig Milch gaben.[4]

Von den ursprünglich ca. 113 Auswanderern[5] waren bei der Gründung der Genossenschaft Vas'kino, die wiederum «Solidarität» getauft wurde[6], noch rund ein Drittel dabei – ca. 38 Personen, bzw. 40 mit den zwei in der Sowjetunion geborenen Kindern:

- Bollinger, Bernhard und Familie[7,8,9]
- Burger, Theodor und Frau[10]
- Burger, Anna Rosa[10]
- Dittrich, Anton[7]
- Fritschi[8]
- Hammes, Alois und Frau[7,9]
- Hofstetter, Hans und Familie[7,8]
- Riediker, Reinhold[7]
- Rüeger, Friedrich[7,8]
- Sauter, Adolf und Frau[7,8,11]
- Schopper, Hermann und Familie[7,12]
- Stäuble, Otto und Frau[8]
- Süss, Ernst[7]
- Vollmer, Rudolf und Familie[7,8,9]
- Wäffler, Karl und Familie[7,8]
- Weber, Jakob und Frau[7]

Diesen Kommunarden schlossen sich, als Mitglieder der Genossenschaft, vier

Gruppenbild der Schweizer Kolonisten in Vas'kino. Ganz links: Fritz Platten.

Russen aus Nova Lava an, darunter der spätere Ehemann von A. R. Burger, L. Danilin[13], und auch aus dem Dorf Vas'kino sollen Leute in die Genossenschaft aufgenommen worden sein.[14]

«*Mit dem Moment der Übernahme des Gutes begann ein ununterbrochener Aufstieg. Die gewonnen Erfahrungen ermöglichten es dem Kartell* (sic), *Gefahrenmomente zu vermeiden und zielbewusst auf die maximale Nutzung des Gutes hinzusteuern.*»[15]

So Platten. Tatsächlich gelang der Genossenschaft innerhalb von eineinhalb Jahren, was in Nova Lava und Tjoplovka gescheitert war: der Aufbau eines florierenden Mustergutes. Dieser Erfolg kann allerdings mit den «*gewonnen Erfahrungen*» nicht ausreichend erklärt werden. Die Genossenschaft muss wesentlich mehr Kredite als zuvor erhalten haben, was auf die Beschlüsse des XV. Parteitages vom 2. bis 19. Dezember 1927 zurückzuführen sein dürfte, der die Kollektivierung zur Voraussetzung der Mechanisierung erhoben hatte.

Innerhalb dieser eineinhalb Jahre[16] wurden sehr viele Veränderungen vorgenommen[17]:

- Alle Wohnhäuser, ausser dem Herrenhaus, wurden *«remontiert»*.
- Ställe wurden umgebaut oder neu errichtet:
  «Ein alter Kuhstall für 28 Kühe wurde innen vollständig neu ausgebaut und mit moderner Stallung, Krippen und Tränken versehen. (...) Eine ehemalige Wagenremise wurde zu einem gut eingerichteten Stall für 42 Kühe umgebaut. Ausserdem wurde ein ganz neuer Stall für 36 Stück Vieh mit einem Heuboden, der 620 Doppelzentner Heu fasst, gebaut.»
- Eine Quelle wurde gefasst:
  «...es wurde eine Quelle gefasst, und mittels eines 3-PS-Motors gelingt es jetzt, innerhalb dreiviertel Stunden ein Wasserbassin von 13 000 Litern zu füllen. So wird die automatische Tränkung durchgeführt und damit eine Ersparnis von 1800 Rubel pro Jahr erzielt. Anstelle des unreinen Seewassers kann dem Vieh reines, temperiertes Quellwasser in genügender Menge zugeführt werden.»
- Eine gut eingerichtete Molkerei wurde erstellt:
  «Eine Molkerei mit Eisbehältern garantiert uns eine einwandfreie Milchbehandlung. Zu Anfang der Betriebsaufnahme betrug die Sauermilch noch 8 bis 12 Prozent der Produktion, die geschaffene Kühlanlage verminderte diesen Prozentsatz auf 0,3 Prozent,...»
- *«Um die Wirtschaft herum wurden 2800 qm Knüppeldamm-Fahrweg angelegt.»*
- Maschinen wurden angeschafft:
  «2 Fordson-Traktoren[18], 4 Grasmäher, 2 Kruppsche Heuwender, 4 Pferde-Rechen, 1 Dreschmaschine in mittlerer Grösse, 1 Selbstbinder, 1 Kartoffelgraber und andere kleine Maschinen. Ferner 1 Stahlsilo[19] mit Silofutterschneidemaschine und Gebläse, 1 Motor-Jauchepumpe und 4 verzinkte Jauchefässer, die 800 und 900 Liter fassen.»
- Der Feldertrag – es wurden vor allem Hafer und Heu, aber auch Roggen, Weizen, Klee und Kartoffeln geerntet [20] – wurde stark verbessert:
  «Es wurden 1927 pro Hektar nur 3000 bis 3600 Kilogramm (183 bis 220 Pud) *Heu, an Hafer nur 1200 Kilogramm* (73 Pud) *pro Hektar geerntet. Im Jahre 1928 wurden 8 Hektar Hafersaat versuchsweise mit Kunstdünger bearbeitet (sogenannte Volldüngung), mit dem Erfolg, dass auf einem Hektar durchschnittlich 2200 Kilogramm* (134 Pud) *Hafer geerntet werden konnten.»*
- *«38 Hektar Kunstwiese wurden angelegt.»*
- Der Viehbestand wurde erhöht:
  «...der Bestand der Kühe (wurde) *auf 95 Stück[21] gebracht. Drei Jaroslawker Zuchtochsen* (sic!) *und 25 Rinder werden zur Aufzucht gehalten. Für den eigenen Bedarf wurden jährlich 17 Ferkel grossgezogen.»*

Schon im August 1928 – im Stall standen erst 80 Kühe – wurden täglich 600 bis 700 Liter Milch an Moskauer Kinderheime geliefert.[22] Auch Milchprodukte wurden für den Verkauf hergestellt.[23] Vorwiegend für den eigenen Bedarf wurde Gartenbau und Bienenzucht[24] betrieben.[25] Spinat, Blumenkohl, Kohl, Bohnen, Erbsen, Wirsing, Erdbeeren, Johannisbeeren usw. wurden angepflanzt. Schon im ersten Jahr erzielte die Genossenschaft einen Gewinn:
«Nach Ablauf von dreiviertel Jahren gestaltete sich die Wirtschaft rentabel. Von 55 000 Rubel Jahreseinnahmen aus dem Betrieb wurden 23 000 Rubel für Lohnzahlungen an die Kartellmitglieder (sic) *verwendet. Diese Ziffern geben den reinen Kassaverkehr wieder.»* [26]

Der Erfolg der Genossenschaft erweckte die Neugierde der russischen Bauern:
«...häufige Exkursionen zeugen von dem Interesse, das die bäuerliche Bevölkerung der umliegenden Dörfer der nach schweizerischer Methode geführten Wirtschaft entgegenbringt.» [27]

Balsiger behauptet sogar, die Besucher seien aus dem ganzen Land gekommen: *«Es* (Vas'kino) *wurde weit herum als Mustergut bekannt, was in allen Landesteilen zu Exkursionen dahin Anlass gab.»* [28]

Auch Schweizer kamen nun, da die Kommune so nahe bei Moskau lag, machmal vorbei. Ernst Illi, der 1925 bis 1928 an der Westuniversität studierte, besuchte Vas'kino 1927, erinnert sich jedoch nur noch an Einzelheiten.[29] Von Walther Bringolf, der zur Klärung seiner Gesinnung 1930 nach Moskau beordert wurde, ist nur bekannt, dass er zusammen mit Fritz Platten *«einen netten Abend in Waskino»* [30] verbrachte. Ein Besuch Humbert-Droz' 1928/29 kam nicht zustande.[31] Nur gerade zwei Schweizer haben Berichte über ihre Besuche in Vas'kino verfasst:

Werner Schulthess besuchte Vas'kino im August 1928, als er als Mitglied der Schweizer Spartakiade-Delegation in Moskau weilte, zusammen mit seinen Kollegen. Auf dem Bahnhof Lopasnja[32] wurden sie von Vollmer abgeholt.[33] Nach den Berichten der Schweizer Arbeiterdelegation, die im Oktober 1927 in die Sowjetunion gereist und von einigen Vas'kino-Kommunarden im Hotel besucht worden war[34], hatten sie einen *«Muschik»* erwartet, doch sie wurden enttäuscht: *«Auf den ersten Blick erkennen wir den kernigen Schweizerbauern. Wer hätte das je gedacht, das ‚Brienzerbüürli' mitten in der russischen Ebene.»* [35]

Nach zweistündiger holpriger Fahrt erreichte die Gruppe das Gut. Die ganze Gegend erinnerte Schulthess, trotz der fehlenden Berge, so sehr an die Schweiz, dass er seine atheistische und internationalistische Gesinnung ganz vergass:

«Gleich eingangs des Gutes erhebt sich das ehemalige Schloss, dicht daneben die Gebäude, in denen die Genossenschafter wohnen. 200 Meter unterhalb des Schlosses liegt ein grosser Teich, der, von Baumgruppen eingefasst, ein landschaftlich schönes Bild bietet. Etwas weiter hinten liegen die Ökonomiegebäude (...). Das Ganze bietet den Anblick eines grossen schweizerischen Bauerngutes, wie man solche beispielsweise im Kanton Bern noch antrifft. Auch die ganze leicht hügelige Umgebung bietet einen heimeligen Anblick. Wenn man die Berge hinzudenkt, könnte man wirklich meinen, in der Schweiz zu sein. Auch der Kirchturm fehlt nicht, weit hinter dem Wald lugt er versteckt hervor. Fehlt nur noch, dass es Abend ist, und die Glocken ertönen, dann könnten wir anstimmen: ‚Luegit vo Berg und Tal'.» [36]

Das Gut und die *«liebenswürdigen Gastgeber»* gefielen Schulthess sehr. Bewundernd spricht er von der Energie, mit der die Kommunarden *«unverdrossen an ihrem grossen Werk»* arbeiteten und stellt fest, dass nur noch *«diejenigen Genossen, die in bezug auf kollektives Denken wohl am weitesten voran sind»* [37], übriggeblieben sind, und das Auskommen dementsprechend gut ist:

«Auch an das kollektive Arbeiten haben sich nun unsere Genossen besser gewöhnt. Natürlich wird es auch hie und da kleine Differenzen persönlicher Natur geben, aber diese werden nicht so stark, dass sie das Zusammenarbeiten stören.» [38]

Der Schaffhauser Kommunist Philipp Wildberger besuchte Vas'kino ein erstes Mal 1928, ein zweites Mal 1929, als er sich als einer der drei Schweizer Vertreter am 6. Weltkongress der Komintern in der Schweiz aufhielt. Auch er spricht voller Anerkennung von der Arbeit und der Arbeitsweise der Kommunarden:

«Sie dürfen aber auch stolz darauf (auf ihr Gut) *sein, denn ihre Felder zählen zu den besten in der Umgebung.»* [39]

«Die Schweizer treiben die Landwirtschaft wieder anders (als die Russen), *amerikanisch; alles wird mit Maschinen gemacht.»* [40]

Seltsamerweise klagt Wildberger 1929, dass die Kommunarden ihren Eigenbedarf an Agrarprodukten nicht selbst decken:

«Manches gefällt einem ja auch nicht. Wenn z.B. unsere Genossen hier keine Kartoffeln pflanzen, keine Hühner, Enten und Gänse halten, die Butter für ihren Bedarf nicht selbst decken, so ist das meines Erachtens ein Unsinn, wo doch dies alles gegeben wäre.» [41]

Wildberger selbst hatte ja ein Jahr zuvor geschrieben, dass Kartoffeln angepflanzt und Hühner gehalten wurden. [42]

Ein Sonderfall unter den Vas'kino-Besuchern war Ernst Bloch. Er hatte schon 1924 mit der V.A.R. emigrieren wollen, hatte aber aus persönlichen Gründen davon absehen müssen. 1928 oder 1929 entschloss er sich, in die Genossenschaft Vas'kino einzutreten, kehrte aber nach kurzer Zeit in die Schweiz zurück, enttäuscht über die politischen Schwierigkeiten der Kommunarden und die Art und Weise, wie sie vom Staat ausgenützt wurden. Zu Hause verbot ihm die Kommunistische Partei, sich über seine Eindrücke zu äussern.[43]

Mentona Mosers Kinderheim

Nachdem die Kommunarden ihre eigenen Häuser bezogen hatten, drängte sich die Frage auf, was mit dem verlassenen Herrenhaus geschehen sollte. Da schon 1925 in Tjoplovka die Idee bestanden hatte, das Herrenhaus in ein Erholungsheim umzuwandeln, lag es nahe, etwas ähnliches in Vas'kino zu tun. Das Projekt in Tjoplovka musste ja wegen Geldmangels fallengelassen werden; in Vas'kino hatten die Kommunarden mehr Glück.

Die Schaffhauserin Mentona Moser (1874–1971) erbte 1925 einen Teil des riesigen Vermögens ihres Vaters Johann Heinrich Moser, der in Russland als Uhrmacher und Händler zu Vermögen gekommen war und damit 1853 die

Die herrschaftliche Fassade des Kinderheims der Schaffhauserin Mentona Moser, welches im ehemaligen Gutsgebäude der Fürsten Ščerbatov in Vas'kino untergebracht war.

Waggonfabrik Neuhausen[44] und 1866 das Wasserkraftwerk[45] gegründet hatte.[46] Mentona Moser, Altkommunistin, Nachfolgerin von Rosa Bloch als Leiterin der Frauenabteilung der KPS, zwischen 1924–1930 Mitglied der Zentrale und des ZK der KPS[47], war den russischen Revolutionärinnen charakterlich sehr ähnlich:

«*Denn sie war der Meinung, dass ihr Vater den grössten Teil des Vermögens, das sie ohne persönlichen Verdienst geerbt hatte, in Russland erworben hatte, und wollte gutmachen, was von ihrem politischen Standpunkt aus gefehlt worden war.*»[48]

Im Winter 1927/28 fasste M. Moser den Entschluss, mit ihrer Erbschaft ein internationales Kinderheim für Waisen zu errichten.[49] Entgegen den Wünschen der Parteileitung, die sich zu dieser Zeit von der Sowjetunion im Stich gelassen fühlte[50] und deshalb das Heim lieber im Tessin gesehen hätte, reiste sie im Juli 1928 nach Moskau, um sich dort mit Platten, mit dem sie «*eine grosse Freundschaft*»[51] verband, zu besprechen.[52] Die beiden kamen überein, das Herrenhaus von Vas'kino in ein Kinderheim umzubauen, und M. Moser kehrte sofort in die Schweiz zurück, um «*mit dem Einkauf der anzuschaffenden Gegenstände für das Heim, insbesondere von Arzneimitteln*»[53] zu beginnen.

Im Mai 1929 reiste sie wieder in die Sowjetunion, mit einem ganzen Eisenbahnwagen voll Einkäufen; die Renovations- und Umbauarbeiten begannen. Wildberger berichtete Ende Juli:

«*...im Schloss von Waskino arbeiten Gipser, Maler, Installateure, das Kinderheim soll im September eröffnet werden. Genossin Mentona Moser leitet zur Zeit selbst die Arbeiten. Es macht einen vornehmen Eindruck auf einen. Die hohen Räume, in hellen Tönen gehalten, mit den prachtvollen Möbelstücken, vom alten Besitzer herrührend, machen sich ausgezeichnet. Fünfzig bis siebzig Betten sind vorgesehen.*»[54]

Bei der Eröffnung hat es offenbar Verzögerungen gegeben. Ursprünglich war sie laut H. Schopper für den 1. Juli vorgesehen gewesen[55]; tatsächlich zogen die ersten Kinder erst im Oktober ein. Ende des Monats beherbergte das Gut allerdings bereits 40 Kinder.[56]

Svencickaja besuchte Vas'kino 1930 und berichtet, das Heim, «*ein hübsches, altmodisches, weisses Haus mit Säulen*», sei «*für Politemigrantenkinder, für Kinder von Gefangenen, für Opfer der Not u.a.*» bestimmt. In der Schule würden auch die Kinder der Schweizer Kommunarden unterrichtet, «*ebenso wie die Kinder der russischen Genossen, die in den Sovchos Vas'kino eingetreten sind.*»[57] Karl Wäffler jun. (*1916) erinnert sich allerdings, er sei ins Nachbardorf zur Schule gegangen.[58]

Das Kinderheim hiess zuerst «1. August».[59] Nach der Übernahme des Gutes durch die IAH wurde es in «Komintern» umgetauft und ein *«medizinischer Punkt (medizinische Hilfsstelle)»* für die Heimzöglinge sowie für die Arbeiter des Sovchos und der umliegenden Dörfer eingerichtet. Im ersten Jahr sollen über 9500 Personen betreut worden sein.[60] 1934 wurde das Kinderheim in ein grösseres Haus in Ivanovo-Voznesensk, nordöstlich von Moskau, verlegt.[61]

Verlust der wirtschaftlichen Selbständigkeit

In seinem Vortrag in Schaffhausen am 4. Juli 1929 erklärte H. Schopper:
«Wenn keine unvorhergesehenen Ereignisse eintreten und der Betrieb sich in der bisherigen Weise entwickelt, wird die Genossenschaft bis Ende 1931 ohne Schulden sein und frei, unter Bezahlung einer gewissen Steuer (die bisher nicht eingezogen wurde) an den Staat, dem Grund und Boden gehören, wirtschaften können.»[62]

Die zweite Bedingung wurde erfüllt: die Ernte 1929 war wiederum gut, die Gemüseproduktion wurde ausgeweitet, Kohl, Blumenkohl und Tomaten wurden auf dem Markt verkauft, ein Generator wurde angeschafft, der das Gut mit Strom versorgte.[63] Doch die unvorhergesehenen Ereignisse traten tatsächlich ein.

Schon im Frühjahr 1929 war neben der Schweizer Kommune ein weiteres Artel gegründet worden:
«Vier Dörfer des Umkreises sollen zu einem Artel zusammengelegt werden, die Bauern von Waskino haben letzten Winter bereits ihre Zustimmung gegeben und ihre Felder sind im Frühjahr einfach zusammengelegt worden, die Traktoren der Suizarri umbrachen dieselben und die Güterzusammenlegung war fertig.»[64]
Der Präsident von Vas'kino, der sich gegen das Artel gewehrt hatte, wurde aus der Partei ausgeschlossen.[65]

Im Herbst 1929 wurde beschlossen, das Schweizer Gut per 1. Januar 1930 der IAH zu übergeben, die es zur Basis eines Sovchos von ca. 1700 Hektaren[66] machen würde.[67] Wer diesen Entschluss gefällt hat, ist unklar. Sauter schreibt am 1. Januar einfach:
«Wir sind jetzt vom Kollektiv in die höhere Form der Vergesellschaftlichung übergegangen. Meschrapom (sic) *(...) hat unser Gut infolge eines neuen Gesetzes, das sie berechtigt, Güter zu betreiben, übernommen. Wir machen dabei ein schlechtes (...) Geschäft (...), weil wir nur unser Anteilkapital erhalten, während die Bilanz mit über 10000 Rubeln aktiv ist.»*[68]

Sauter scheint damit anzudeuten, dass der Entscheid von oben kam. Platten hingegen behauptet:

«*Im November 1929 wandte sich das Kartell* (sic) *‚Solidarität' an die Vertretung der Exekutive der IAH in Moskau mit der Frage, ob die IAH bereit wäre, ein Gut zur Bewirtschaftung zu übernehmen, das den Grossgütern, wie sie im Fünfjahresplan der Sowjetunion vorgesehen sind, annähernd entsprechen würde. Das Zentralkomitee der IAH entschloss sich nach reiflicher Erwägung, das Gut vom Kartell ‚Solidarität' samt seiner heutigen Besatzung zu übernehmen.»* [69]

Jedenfalls entsprach die Güterzusammenlegung der Zeit: «*Die Zeit und die Umstände erfordern grosse Güter mit gewaltiger Produktion.*» [70] Seit dem XV. Parteitag vom Dezember 1927 war der Anteil der Kollektivwirtschaften an der Gesamtzahl der landwirtschaftlichen Betriebe zunehmend grösser geworden:

Durch die Kollektivwirtschaften erfasste bäuerliche Einzelbetriebe:

	Anzahl der bäuerlichen Einzelbetriebe	Kollektivierung in %
Stand am 1. Okt. 1927	286 000	1,1
Stand am 1. Okt. 1928	595 000	2,3
Stand am 1. Okt. 1929	2 131 000	8,1
Stand am 1. Okt. 1930	5 565 000	22,2
Stand am 1. März 1931	8 830 000	35,3 [71]

«*Der endgültige Umschwung zeigte sich aber im Herbst 1929, als über 8 Prozent aller Bauernwirtschaften durch die Kollektivierung erfasst waren.*» [72] Unter diesen Umständen war das Artel der Schweizer kein richtungsweisender Musterbetrieb mehr; die landwirtschaftliche Betriebsform der Zukunft war der Sovchos mit Tausenden von Hektaren Land, eigentliche Getreide- oder Milchfabriken.

Doch nicht nur dieser Kollektivierungstaumel Ende 1929/Anfang 1930 kann als Grund für die Übergabe des Gutes angesehen werden. Ein zweiter Grund dürfte darin bestanden haben, dass die Machtposition Plattens ab 1928 immer mehr zu wackeln begann, und man ihm als erste Folge die Position als Bevollmächtigten der Genossenschaft in Vas'kino nicht länger zugestehen wollte. [73]

Am 1. Januar 1930 wurde Vas'kino der IAH übergeben. Gemäss dem provisorischen Pachtvertrag erhielt diese vom Landwirtschaftsamt des Moskauer Gebietes (MOSO) das Land für 10 Jahre zur Pacht und einen langfristigen

Kredit von Rbl. 300 000.–. Dafür war sie verpflichtet, eine Traktorenstation mit mindestens 17 Traktoren einzurichten und innerhalb zweier Jahre landwirtschaftliche Maschinen im Wert von $ 30 000.– zu importieren.[74] Münzenberg plante, schon in den ersten drei Monaten die Traktorenstation aufzubauen und das Gut an das Stromnetz anzuschliessen, dann für das Plansoll von 400 Kühen Kuhställe und Silos errichten, im anderen dem Sovchos eingegliederten Gut Dobrinika eine *«Zuchtanstalt für Rassenvieh»*, eine Käserei und eine Käsereischule einzurichten, *«Jauche-Fernleitungen»* anzulegen etc.[75]

Um das Ganze zu finanzieren, reichten der Kredit vom MOSO und die 10 000 Rubel der Kommunarden offenbar nicht. Die IAH gab Marken heraus, deren Erlös für den Sovchos bestimmt war[76], und um den Verkauf dieser Marken zu fördern, war die hier wiederholt zitierte Broschüre *«Mit Pflug und Traktor»* verfasst worden. Ausserdem erhielt die IAH noch einen Kredit von der Komintern.[77]

Der Sovchos Mežrabpom, wie er nun genannt wurde, ging spätestens 1936, in diesem Jahr wurde die IAH liquidiert[78], an den sowjetischen Staat über. 1962 wurde Vas'kino Teil des Sovchos «Čechov» mit über 5000 Hektaren Land.[79] Seit 1968 gehört es zum Sovchos «Neues Leben», der 3500 Hektaren Land umfasst, pro Jahr 3000 Tonnen Kartoffeln, 1660 Tonnen Milch und 250 Tonnen Fleisch erzeugt und einen Maschinenpark von insgesamt 18 854 PS besitzt.[80]

9. Was ist aus den Auswanderern geworden?

Nach der Übergabe des Gutes an die IAH werden Informationen über die Kommunarden äusserst selten. Allerdings kann bis zu einem gewissen Grad von einzelnen auf die übrigen geschlossen werden.

Innerhalb von wenigen Monaten verliessen vermutlich mit Ausnahme von A. F. Danilina[1] alle Schweizer das Gut.[2] Einige dürften wie schon die meisten früheren Wegzügler Arbeit in der Industrie gesucht haben[3], andere blieben der Landwirtschaft treu. Wieso es zu diesem Exodus kam, ist unbekannt. A. Sauter schrieb am 1. Januar 1930 noch, es seien ihm zwar «*verlockende Offerten*» zur Mithilfe beim Aufbau eines Gutes gemacht worden, er habe sie aber ausgeschlagen: «*Meine Frau weigerte sich jedoch, nochmals 4000 Kilometer von hier wegzuziehen.*»[4] Schon im Mai allerdings berichtete Anneveldt, «*Genosse Sauter und andere Schweizer Genossen*» seien in «*Alma Mata*» (sic!), wo sie einen neuen Sovchos errichteten.[5] Nach Alma-Ata wurde im Frühjahr 1930 auch Ernst Schaffner, der Bruder von Edwin Schaffner, strafversetzt. Er hatte zuvor in Pokrovsk (Wolgarepublik) einen Sovchos geleitet, auf dem sich auch einige frühere Wegzügler[6], die anfangs in der Industrie Arbeit gefunden, aber mit den beengenden Lebensverhältnissen in den Grossstädten nicht zurechtgekommen waren, niedergelassen hatten.[7]

Anfangs der dreissiger Jahre änderte sich die Haltung der Sowjetregierung gegenüber den Schweizern. Ab 1930 begann man sie, die bis dahin als «Entwicklungshelfer» willkommen gewesen waren, zu bedrängen, die sowjetische Staatsbürgerschaft anzunehmen, oder andernfalls das Land zu verlassen.[8] 1930–1934 wählten mindestens 13 Personen die zweite Möglichkeit.[9] Als Druckmittel wurde unter anderem der Entzug von Privilegien, wie z. B. der Möglichkeit, in Geschäften für Ausländer einzukaufen, verwendet.[10]

Von denjenigen, die in der Sowjetunion blieben – mindestens 25 der ehemals 113 Auswanderer[11] –, dürften nur wenige den Zweiten Weltkrieg überlebt haben. Einige starben schon früh an Krankheit, «*gewisse wurden das Opfer von Verleumdungen und unbegründeten Repressionen der dreissiger*

Jahre»[12], einige mehr fielen im Krieg.[13] 1967 betitelte das «Volksrecht» einen Bericht über Plattens Genossenschaftsgründungen mit *«Verschollen sind seit 1938 alle»*[15]; doch das ist eine polemische Übertreibung. O. Svencickaja gelang es anfangs der sechziger Jahre, vier Überlebende aufzufinden. Einer davon war Rudolf Vollmer.[15]

Rudolf Vollmer: Der Mann mit den Bäumen

Rudolf Vollmer wurde 1939 nach Pavlodar (südwestlich von Novosibirsk) verschickt. In der trockenen baumlosen Steppenstadt erinnerte sich der ehemalige Gärtner daran, dass in der Schweiz *«jeder Einwohner zwei Bäume pflanzen muss als Geschenk an die ewige Natur»*. Er beschaffte sich unter Mühen ein paar Stecklinge, goss und pflegte sie täglich, sah sie wachsen und gedeihen und in ihm *«wuchs ein Traum: viele Bäume ringsum zu setzen»*. Svencickaja beschreibt die Verwirklichung dieses Traumes[16]:

«Vollmer (...) arbeitete von morgens bis abends. Er durchstreifte die Umgebung der Stadt, er begab sich in andere Städte, er trieb Setzlinge auf, er pflanzte und pflanzte und goss... Der Wind stürzte sich wütend auf die zerbrechlichen Büsche, aber Vollmer befestigte sie an Pfosten, band die dünnen Zweiglein (...) an.
1940 richtete Vollmer (...) das erste Treibhaus in der Stadt ein. Im Frühjahr blühten darin Tulpen, Hyazinthen, Levkoien... Aus Slavgorod in der Gegend von Altai brachte er Stecklinge von Apfelbäumen mit und kultivierte diese im Treibhaus (...). Im Frühling waren die Apfelbäume mit zarten weissrosa Blüten bedeckt.
Rings um Vollmer scharten sich Pionier- und Komsomolzengruppen. In ihrer Freizeit halfen sie ‚dem Alten‘, sie gruben, pflanzten und gossen. Im Herbst 1941 pflanzten sie zusammen mit Vollmer in den Strassen der Stadt 1000 Stecklinge aus der Baumschule von Pavlodar, die von Vollmer gegründet worden war. Sie legten Grünanlagen an, pflanzten Bäume. Die Stadt begann grün zu werden.
1962, am Tag seines 80sten Geburtstages, brachten die Komsomolzen Rudolf Vollmer ein Geschenkalbum mit Photographien aller Strassen, Grünanlagen, aller Parkwinkel und Gebäude, die durch Grünpflanzen und Blumen geschmückt waren und bedankten sich so beim unermüdlichen Vollmer. ‚Zum 80sten Geburtstag für Rudolf Rudolfowitsch Vollmer von den Komsomolzen der Stadt Pavlodar‘ – schrieben die Komsomolzen ins Album.
Die dankbare Stadt bestimmte eine persönliche Pension für Rudolf Vollmer

und stellte ihm ein hübsches Quartier in einem grossen, guten Haus zur Verfügung (...).
Einmal, in einem heissen Sommer, als der unermüdliche Gärtner seine Grünpflanzen anband und begoss, drehte sich plötzlich der Kopf zum brennenden Sonnenlicht, die Hände wurden gefühllos... gelähmt auf der linken Seite. Dies war ein schwerer Schlag für Rudolf Vollmer, dessen ganzes Glück in unermüdlicher Arbeit lag. Aber der Wille zur Arbeit wurde durch die Krankheit geschwächt (...).
Am 28. November 1965 teilte die Zeitung ‚Zvezda Priirtyšaja' seinen Tod mit und publizierte einen Nekrolog: „... Seit dem Jahr 1939 widmete sich R. R. Vollmer der Arbeit der Grünpflanzung in der Stadt Pavlodar. Das Andenken an Rudolf Rudolfowitsch Vollmer, (...) einen Kommunisten und Patrioten, wird immer in den Herzen all derjenigen, die ihn kannten, weiterleben'.»

Fritz Platten: Tod im Arbeitslager

Fritz Platten dürfte nie beabsichtigt haben, auf einem der Güter sesshaft zu werden. Er pendelte von Anfang an zwischen Moskau[17] und Nova Lava hin und her.[18] Ab 1926 wurde Moskau sein endgültiger Wohnsitz. Er arbeitete für die Mežrabpom und wohnte von 1926–1938 in deren Haus an der Tverskaja Jamskaja Nr. 3[19], zusammen mit seiner Frau Berta Zimmermann, einer früheren Kommunardin, die nun bei der Komintern arbeitete. Er verkehrte häufig im «Deutschen Klub», den er zeitweilig präsidierte. In diesem Klub, Treffpunkt deutscher Emigranten und Kominternvertreter, bestanden bis zum XV. Parteitag im Dezember 1927, wie P. Thalmann, der zusammen mit H. Erb und E. Illi zwischen 1925–1928 an der Westuniversität in Moskau studierte, berichtete, *«im Unterschied zur russischen Partei (...) noch gewisse demokratische Spielregeln».*[20] Nicht nur die verschiedenen Fraktionen innerhalb der KPD – Brandleriander[21] und Maslow-Ruth-Fischer-Anhänger[22] – waren vertreten, sondern auch die sowjetische Opposition. Im Klub wurde versucht, all diese Strömungen zu Wort kommen zu lassen:

«Trotz der Ermahnungen des Vertreters des Moskauer Parteikomitees wurde (...) beschlossen, einen Sprecher der russischen Opposition anzuhören. Der vorhergesehene Redner war Karl Radek.[23] *Er kam aber nicht. An seiner Stelle übernahm Fritz Platten die schwere Aufgabe. Platten gehörte in alter Freundschaft zur Gruppe Sinowjew; er sprach leidenschaftlich, doch sachlich und aus genauer Kenntnis der vielschichtigen Probleme. Kaum hatte er eine halbe*

Stunde gesprochen, da rückte endlich Radek an, und Platten überliess ihm sofort das Wort.»[24]

Dass Platten sich der Opposition, und zwar dem zinov'ev'schen Flügel angeschlossen hatte, wird von verschiedener Seite bestätigt: von E. Illi[25], J. Humbert-Droz[26], W. Bringolf[27] und von R. von Mayenburg[28]. Nachdem Zinov'ev durch seinen Ausschluss aus der Partei im November 1927 endgültig kaltgestellt worden war, hiess es in der Schweiz, Fritz Platten sei verschickt worden. Willi Trostel[29], der sich im Auftrag der Parteileitung bei Platten darüber erkundigte, erhielt folgenden Brief:

«Die Datierung Moskau, den 30. 1. 28 wird Dich davon überzeugen, dass ich den Sylvester noch auf europäischem Boden gefeiert habe. (...) Ob ich das ‚Schicksal der übrigen Gesinnungsgenossen' teilen werde oder nicht, weiss ich nicht, ist auch nicht meine Sorge beim Aufstehen oder zu Bette gehen, wie sentimentale Gemüter glauben können. Die Partei wird handeln, wie sie es für nötig hält. Dass ich noch nicht verschickt oder verbannt bin, gereicht mir weder zur Ehre noch zur Schande. (...) Das persönliche Wohlergehen darf bei einem bewussten Revolutionär überhaupt nie Leitmotiv sein, speziell aber in dem Falle nicht, wo er glaubt, es handle sich um weltpolitische Fragen, deren Beantwortung die Arbeiterbewegung der ganzen Welt auf Jahre hinaus festlege.»[30]

Dieses Bekenntnis Fritz Plattens zeigt, dass er durch seine persönliche Integrität unfähig war, *«aus seinem Herzen eine Mördergrube (zu) machen».*[31] Immer wieder exponierte er sich; so 1929 mit Jules Humbert-Droz: *«Il (...) m'avait invité à parler aux Suisses du sovkhoze qu'il dirigeait près de Moscou, quand je m'étais opposé à la politique de Staline.»*[32]

1930 traf er mit Walther Bringolf zusammen[33], der, einer Einladung folgend, seine Differenzen mit der Kominternführung bereinigen sollte.[34] Sie waren trotz Meinungsverschiedenheiten Freunde geblieben: *«... ich (hatte) es ihm immer noch nicht verziehen, dass er schweizerische Parteifreunde zur Auswanderung nach der Sowjetunion veranlasste...»*[35]

Plattens offene Bekenntnisse mussten ihm irgendwann Schwierigkeiten einbringen, auch wenn er durch *«seinen Nimbus»*[36] als Organisator der Reise Lenins im «plombierten» Wagen und als dessen Lebensretter eine gewisse Narrenfreiheit besass:

«(Er konnte) 20 Jahre lang straflos Meinungen (...) äussern, die jeden andern sofort in die Klauen der Tscheka gebracht hätten. So darf man sagen, Platten habe an jenem Tag nicht nur Weltgeschichte gemacht, sondern auch sich selbst eine Position verschafft, wie sie ausser ihm in Sowjetrussland niemand besass.»[37]

1930 wurde er seiner Funktion als Vorsitzender der Sovchose in Vas'kino enthoben, und 1931 erhielt er bei seinem letzten Aufenthalt in der Schweiz Sprechverbot: am 30. Oktober kündigte die «Schaffhauser Arbeiter-Zeitung» einen Vortrag an, *«Fritz Platten spricht»*[38], musste aber drei Tage später melden: *«Fritz Platten sprach nicht.»*[39] In Zürich hingegen sprach Platten vor mehreren hundert Leuten; in der anschliessenden Diskussion kamen *«allerdings diejenigen nicht auf ihre Rechnung (...), welche durch ihre Fragestellung eine Solidarisierung des Referenten mit den Trotzkisten provozieren wollten».*[40]

Zurück in der Sowjetunion arbeitete er in der kurz vor seiner Abreise angetretenen Stellung als Lehrer für Geschichte der Komintern und Politökonomie am Moskauer Institut für Neue Sprachen und im Internationalen Agrarinstitut. Sonst muss er in politischer Hinsicht, bedingt durch die starke Position Stalins, ein zurückgezogenes, isoliertes Leben geführt haben. Bei geselligen Anlässen aber war Fritz Platten in seinem Element:
«Mit seiner Lebensfreude, Fröhlichkeit und Musikalität war er ein typischer Schweizer. (...) Er war auch die Seele unserer Abende, an denen getanzt wurde, wo wir Musik hörten und russische und deutsche Revolutionslieder sangen.»[41]

1933 schrieb Humbert-Droz, Platten habe resigniert; trotzdem habe er versucht, alle Ausländer zum Bleiben in der Sowjetunion zu überreden[42]. Seine politische Isolation und Resignation dürften sich ab 1934 noch verstärkt haben. In diesem Jahr, am 1. Dezember, wurde der Leningrader Parteisekretär Kirov, der Nachfolger Zinov'evs in diesem Amt, ermordet. Dies gilt als auslösendes Moment für die Säuberungen Stalins, welche im August 1936 ihren ersten Höhepunkt im «Prozess der Sechzehn» gegen das «trockistische-zinov'evistische Zentrum» erreichte. In diesem Prozess *«wurde auch Platten politisch belastet».*[43] 1937 wurde Berta Zimmermann bei der Säuberung des Komintern-Apparates verhaftet und als vermeintliche Spionin hingerichtet. Am 13. März 1938 wurde Fritz Platten zum zweiten Mal verhaftet. Sogleich verschwand auch sein Bild in der Leninbibliothek.[44] Nach zwanzig Monaten in verschiedenen Moskauer Gefängnissen kam er am 29. Oktober 1939 vor ein Militärgericht des NKVD[45], das ihn zu vier Jahren Freiheitsentzug verurteilte:
«Weder Verteidiger noch Zeugen waren geladen. Ich verteidigte mich selbst. Die Anklage lautete auf § 58/6/8/11[46] *und § 182. In fünfstündiger Verhandlung wurde ich auf Herz und Nieren geprüft. Die Richter waren streng aber objektiv. Das Urteil lautete: nichtschuldig § 58/6/8/11, schuldig § 182 (Waffe ohne Bewilligung). Während der Verhandlung war ich ruhig wie ein Bergsee vor Sonnenaufgang. Dem Gericht bin ich dankbar, denn der Gerichtsspruch tan-*

Platten-Abteilung im Schulmuseum Vas'kino (die Aufnahme stammt aus dem Jahre 1982).

giert meine Parteiehre nicht. Ich glaube, dass ich vor Ablauf von vier Jahren frei komme.»[47]
Die Waffe war ein Erinnerungsstück aus dem Bürgerkrieg.
Er hatte aber das Gefühl, glimpflich davongekommen zu sein:
«Ich gehöre zu jenen, die sehr geringfügig bestraft wurden und auf Grund eines § 182, der nichts Ehrenrühriges an sich hat, und trotzdem bin ich mir bewusst, dass ich nicht wegen der Waffe vier Jahre erhalten habe. Ich bin ein Produkt der allgemeinen Lage und darf auch bei der Ablehnung meines Gesuches nicht den Kopf hängen lassen. Ich beurteile alles in Ruhe und Gelassenheit und falle nicht schnell aus dem Gleichgewicht.»[48]

Bis zum März 1940 befand sich Platten in einem Arbeitslager in Njandoma im Gebiet von Archangel'sk, anschliessend kam er in ein Invalidenlager, wo er Dachschindeln schnitzte und Körbe flocht.[49] Dort starb er zwei Jahre später, am 22. April 1942, an einer Herzkrise, ausser Reichweite der Gestapo, die ihn in der «Sonderfahnungsliste UdSSR» suchte.[50]

1956 wurden Fritz Platten und Berta Zimmermann nach dem XX. Parteitag, an welchem Chruščov mit seiner «Geheimrede» die Entstalinisierung einleitete, rehabilitiert.

Und die anderen?

Anneveldt, Frederik
Nach der Auflösung von Nova Lava arbeitete er in Pokrovsk (seit 1931: Engels) als Typograph in der Zentraldruckerei.[51] Im November 1933 lud er seine ehemaligen Kollegen der Typographia Schaffhausen zu einem Besuch in der Sowjetunion ein.[52]

Bollinger, Bernhard
Er starb 1931 in der Sowjetunion. Der Rest der Familie kehrte daraufhin in die Schweiz zurück.[53]

Brand, Jakob
Die Familie Brand verliess Nova Lava im Herbst 1924. Jakob Brand arbeitete zuerst in der 2. Fliegerschule in Borisoglebsk als Schweisser.[54] 1925 eröffnete er eine eigene Werkstatt für Autogenschweissen. Diese musste 1928 geschlossen werden, da sie als Privatbetrieb nicht mehr beliefert wurde. Die Familie, mit Ausnahme von J. Brand jun.[55], zog nach Marxstadt.[56] Am 9. Mai 1930 starb Jakob Brand in Pokrovsk.[57] In der Folge kehrten 1932 die Ehefrau, 1933 Fritz und Jakob Brand und 1934 Walter Brand, der mit einer Wolgadeutschen verheiratet war, in die Schweiz zurück.[58]

Christen, Paul
Er und seine Frau Elise arbeiteten ab 1928 im Sovchos von Ernst Schaffner in der Nähe von Pokrovsk.[59] Als Zöbelis 1930 die Sowjetunion verliessen, nahmen Paul und Elise Christen das Pflegekind Mischa, das kein Ausreisevisum erhalten hatte, bei sich auf.[60] Als letzter Aufenthaltsort der beiden wird Podol'sk genannt.[61] Paul Christen fiel im Zweiten Weltkrieg, seine Frau starb 1972 in der Sowjetunion.[62]

Fischer, Jakob
Die Familie übersiedelte nach der Auflösung der Genossenschaft Tjoplovka nach Batraki (Verwaltungsbezirk Kujbyšev), wo Jakob Fischer wieder in seinem erlernten Beruf aus Metallarbeiter tätig wurde.[63]

Hänsler, Karl
Starb 1931 an Pockenfieber in der Sowjetunion.[64]

Herrmann, Georg
Lebte 1970 im Orenburger Gebiet.[65]

Hofstetter, Emilia
Hoffstetters wurden in den dreissiger Jahren in das Gebiet von Archangel'sk verbannt[66] und lebten 130 Kilometer von Fritz Platten entfernt.[67] Emilia Hofstetter arbeitete als Melkerin und Viehzüchterin. Während des Krieges und der Evakuierung kamen ihr Mann und ihre beiden Kinder um. 1970 lebte sie in der Nähe von Krasnodar.[68]

Hürlimann, Karl
Er blieb nur kurze Zeit in Nova Lava, da ihm die körperliche Arbeit zu anstrengend war; ab 1925 arbeitete er in Moskau als Übersetzer. 1929 begab er sich nach Berlin und kehrte 1931 in die Schweiz zurück, wo er nach dem Krieg eine Fachzeitschrift für alkoholfreie Gaststätten herausgab.[69]

Mundwiler, Ernst
Er verliess Nova Lava, um eine Stellung als Schreiner in der Nähe von Moskau anzutreten.[70] 1927/28 heiratete er Frieda Herrmann. Das Wochenende verbrachte er jeweils in Puškino.[71] In den dreissiger Jahren liess er dem IKRK in Moskau Nachrichten über verschiedene Schweizer Emigranten zukommen.[72] Als letzter Aufenthaltsort von Ernst und Frieda Mundwiler wird Baku genannt.[73]

Rüegg, Paul
Er und seine Frau wohnten seit Ende der zwanziger Jahre in Moskau und waren vermutlich für die Komintern tätig. Bekannt wurden sie 1931, als W. Münzenberg sich für zwei Schweizer, die in Schanghai verhaftet worden waren, einsetzte. Es begann eine weltweite Aktion zugunsten der Verhafteten, deren Namen aber nie genannt wurden. Erst nach drei Monaten, am 21. Oktober, wurde bekanntgegeben, es handle sich um ein Ehepaar namens Rüegg. Der Mann war inzwischen zum Tode, die Frau zu lebenslänglicher Haft verurteilt worden. Münzenberg gründete ein «Zentrales Verteidigungskomitee zur Rettung Rüeggs». Nachdem aber der Schweizer Anwalt J. Vincent, der nach Schanghai gereist war, dort feststellen musste, dass es sich bei den Inhaftierten gar nicht um das Ehepaar Rüegg handelte, liess man die Sache einschlafen.
Bei den Verhafteten handelte es sich um einen ukrainischen Kommunisten und seine Frau, die im illegalen Apparat in China tätig gewesen waren. Paul Rüegg und seine Frau hatten den beiden ihre Pässe zur Verfügung gestellt[74], denn *«Schweizer Pässe waren (...) in Russland kostbare Mangelware.»* [75]
Paul Rüegg verschwand 1937 während der stalinistischen Säuberungen.[76]

Sauter, Adolf
Letzter bekannter Aufenthaltsort ist Puškino 1941[77]. Das Ehepaar Sophie und Adolf Sauter gilt seit 1952 als verschollen.[78]

Schopper, Hermann
Die Schoppers verliessen Vas'kino 1929, emigrierten nach einem kurzen Aufenthalt in Schaffhausen nach Argentinien, von wo sie 1933 in die Schweiz zurückkehrten.[79]

Stäuble, Otto
Er und seine Frau sind seit 1945 verschollen.[80]

Wäffler, Karl
Nach 1929 oder 1930 arbeitet Karl Wäffler als Abteilungsleiter auf drei verschiedenen Sovchosen. Die Familie lebte kurze Zeit in Puškino. 1933 Rückkehr in die Schweiz.[81]

Wildhaber, Jakob
Ab Mitte 1924 als Dozent für Mathematik an der Universität in Marxstadt tätig.[82] 1930 Scheidung von seiner russischen Frau in Saratov.[83] Verschollen.[84]

10. Schlusswort

Das Scheitern der beiden Genossenschaften Nova Lava und Tjoplovka hatte im wesentlichen zwei Gründe: einerseits die Dürre des ersten Jahres, andererseits die unsorgfältige Planung und Vorbereitung des Unternehmens. Hierbei muss der grösste Teil der Schuld Fritz Platten zugewiesen werden, der, mehr Träumer als Realist, den Finanzbedarf und die Schwierigkeiten beim Aufbau von Musterbetrieben auf den abgewirtschafteten und dürregefährdeten Gütern grob unterschätzt hatte. Er machte den Auswanderungswilligen überhöhte Versprechungen und zog so Leute an, die bald angesichts der harten Arbeits- und Lebensbedingungen kein Interesse mehr an der Gemeinschaft zeigen konnten oder wollten. Es muss aber anerkannt werden, dass sich Fritz Platten immer sehr für seine Kommunarden eingesetzt hat.[1]

Es mag der Eindruck entstanden sein, dass es über Nova Lava und Tjoplovka fast nur Negatives zu berichten gibt. Dies ist jedoch u.a. auf die Quellenlage zurückzuführen: naturgemäss ist über die Schwierigkeiten mehr als über den Alltag geschrieben worden. Dabei blieb schon in Nova Lava die Pionierleistung der Schweizer Kommunarden nicht unbeachtet. Ihren Traktor, den ersten im ganzen Bezirk, führten sie 1924 zweimal auf landwirtschaftlichen Ausstellungen in Kanadej und Syzran' vor[2], und die russischen Bauern reisten teilweise 100 Kilometer, um ihr Getreide bei den Kommunarden, die mit Hilfe von aus der Schweiz mitgebrachten Spezialsieben sehr feines Weissmehl herstellen konnten, mahlen zu lassen.[3] Die Tochter O. Svencickajas, die sowjetische Historikerin E.I. Družinina betont: «Trotz ihres kurzen Bestehens hinterliessen die Kommunarden tiefe Spuren im Leben und Bewusstsein der sowjetischen Bauernschaft. Es waren Keime des Neuen...»[4]

War schon Nova Lava somit nicht nur «ein Flopp»[5], so ist es vor allem in Vas'kino den übriggebliebenen, wirklich überzeugten Kommunarden offenbar gelungen, ein Mustergut, das nicht nur wirtschaftlich erfolgreich war, sondern auch Besucher von weit her anzog, aufzubauen. Ihr Wunschtraum jedoch, eine gerechte, freie und klassenlose Gemeinschaft aufzubauen und zu leben, ihr Utopia zu finden, blieb unerfüllt.

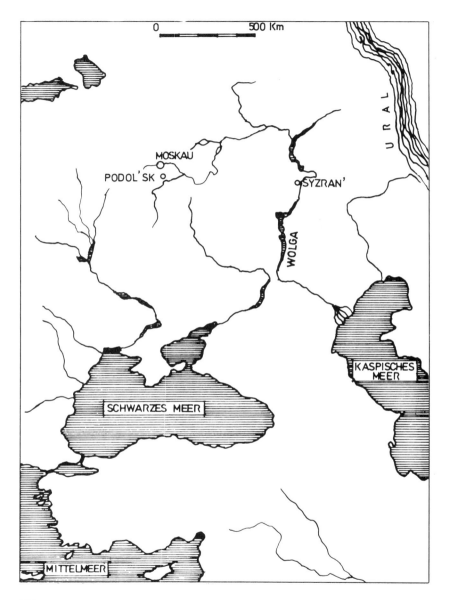

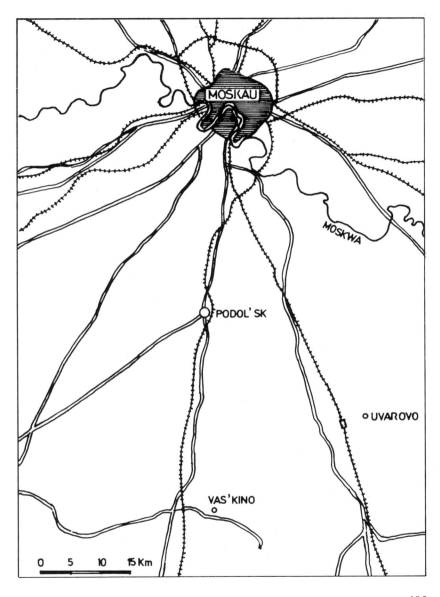

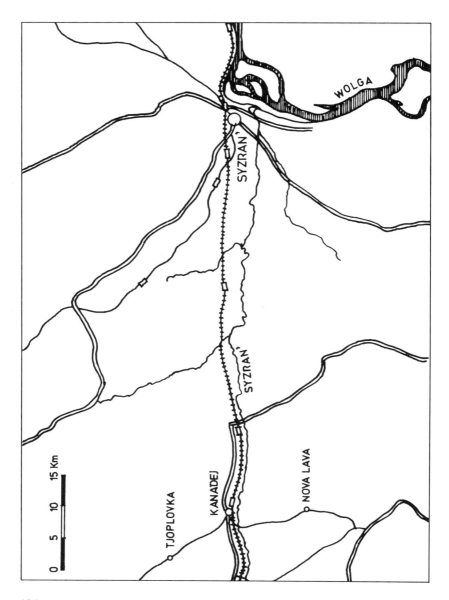

Zeittabelle

8. Juli	1883	Geburt Plattens
	1908	Sekretär der «Eintracht», lernt Lenin und Zinov'ev kennen
	1912	Mitglied der Geschäftsleitung der SPS
	1915	Parteisekretär der SPS
April	1917	Organisiert die Rückreise Lenins und anderer im «plombierten» Wagen
	1917	Nationalrat
14. Jan.	1918	Platten rettet Lenin bei einem Attentat in Petrograd das Leben
Nov.	1918	Beteiligung am Landesstreik
März	1919	Teilnahme am Gründungskongress der III. Internationale in Moskau, Präsidiumsmitglied
Frühl.	1920	Rückkehr in die Schweiz, anschliessend 6 Monate Gefängnis
März	1921	Mitbegründer der KPS
	1921	Kronstädter Aufstand; der X. Parteitag der KPR beschliesst die Abschaffung der Zwangsabgaben
Sommer	1921	Hungersnot in der Sowjetunion
Aug.	1921	Platten Mitbegründer der IAH, Leiter der Sektion Schweiz
21. Nov.	1921	Unterredung mit Lenin über landwirtschaftliche Genossenschaften
März	1922	Anfrage ans Eidgenössische Arbeitsamt über Subventionierungsmöglichkeiten
Juni	1922	Erste ausländische Genossenschaftsgründung in der Sowjetunion
Nov.	1922	Rücktritt aus dem Nationalrat
März	1923	Das Narkomsem bietet Platten verschiedene Güter zur Auswahl an
7. März	1923	Stellungnahme der KPS gegen die Auswanderung
11. April	1923	Platten informiert in einem «Vorwärts»-Artikel erstmals öffentlich über die Auswanderungsmöglichkeiten

10. Mai	1923	Ermordung Vorovskijs in Lausanne
27. Mai	1923	Erste Generalversammlung der V.A.R.
16. Aug.	1923	Provisorischer Pachtvertrag zwischen Besichtigungskommission und Narkomsem
9. Sept.	1923	Zweite Generalversammlung der V.A.R.
1. Okt.	1923	Sauter reicht in Schaffhausen ein Subventionierungsgesuch ein
13. Okt.	1923	Ankunft des Vortrupps in Nova Lava
16. Nov.	1923	Freispruch von Vorovskijs Mörder Conradi
10. Dez.	1923	In Zürich wird ein Subventionierungsgesuch eingereicht
1. Jan.	1924	Der Vortrupp übernimmt das Gut Nova Lava
21. Jan.	1924	Tod Lenins
14. März	1924	Der Regierungsrat Schaffhausen lehnt das Subventionierungsgesuch ab
29. März	1924	Ankunft des Haupttrupps in Nova Lava
4. April	1924	Der Kanton Zürich lehnt jede Unterstützung ab
7. April	1924	Die Stadt Schaffhausen lehnt jede Unterstützung ab
6. Mai/ 12. Juni	1924	In Zürich und Schaffhausen werden Wiedererwägungsgesuche eingereicht
13. Juni	1924	Eine weitere Gruppe von Kolonisten trifft in Tjoplovka ein
Juni	1924	Die Missernte wird unausweichlich. Die ersten fünf Familien wollen Nova Lava verlassen
1. Juli	1924	Bund sowie Stadt und Kanton Zürich gewähren Fr. 4200.– Unterstützung
23. Juli	1924	Der Stadtrat Schaffhausen bewilligt Fr. 500.–
9. Jan.	1925	Spendenaufruf der Zürcher Gewerkschafter für Nova Lava
Febr.	1925	Nova Lava erhält einen grossen Holzauftrag der «Asneft»
31. März	1925	Eine weitere Gruppe von Kolonisten verlässt die Schweiz, um sich in Tjoplovka niederzulassen
Herbst	1925	Tjoplovka wird aufgelöst, ein Teil der Kolonisten übernimmt das Gut Uvarovo
Mai	1927	Die Genossenschaften von Nova Lava und Uvarovo werden in Vas'kino zusammengelegt
Dez.	1927	XV. Parteitag der KPdSU: Stalin verkündet die Rückkehr zum «direkten» Weg
Okt.	1929	Eröffnung des Kinderheimes «1. August» in Vas'kino
Ende 1929/ Anfang	1930	Höhepunkt der Zwangskollektivierung
1. Jan.	1930	Übergabe des Gutes an die IAH

Verzeichnis der Auswanderer

Die mit einem * versehenen Namen: blieben in der Sowjetunion

Name	Wohnort	Beruf	Mitglied	Lebensdaten	in der SU
Anneveldt, Frederik mit Frau und Tochter Holländer	SH	Buchdrucker	KP		
Blesi, Rudolf	ZH				1924–1925
* **Bollinger**, Bernhard	SH	Maurerpolier	KP	1881–1931	1925–1931
Bollinger, Emma				1893–	1925–1931
Bollinger, Hans				1912–1982	1925–1931
Bollinger, Emilia					1925–
* **Brand**, Jakob	BL	Schweisser	KP	1886–1930	1923–1930
Brand, Palmira				1888–1983	1923–1932
Brand, Jakob				1908	1923–1933
Brand, Walter				1909	1923–1924
Brand, Fritz				1912–1971	1923–1933
Burger, Theodor und Frau	ZH	Schreiner	KP		1924–1927
					1924–1927
* **Burger**, Anna Rosa = A. F. Danilina				1909	1924–

109

Casanova, Karl, mit Frau und Kind	ZH	Landwirt/Knecht		1923–1924 1923–1924
* **Christen**, Hans Paul	SH	Bäcker	KP	1897–2.WK 1924–2.WK
* **Christen**, Elise				1900–1972 1924–1972
* **Dittrich**, Anton	SH	Spinner		1925– 1925–
Fischer, Jakob mit Frau und Kind	ZH	Metallarbeiter	KP	
Frick, Ernst und Familie	ZH			1924– 1924–
Fritschi				1924–
* **Graf**, Ernst	BL	Commis		1897–1925 1924–1925
Hammes, Alois **Hammes**, B.				
Hediger, Ernst	ZH	Werkzeugdreher	KP	1924–
Hediger, Gotthold mit Frau Kinder Anna u. Alfred		Sattler Hebamme		
* **Hänsler**, Karl	SH	Monteur	KP	1880–1931 1925–1931
* **Herrmann**, Michael	SH	Müller/Magaziner	KP	1877– 1923–1928
* **Herrmann**, Frieda				1882– 1923–1928
* **Herrmann**, Georg Michael				1907– 1923–
* **Herrmann**, Frieda				1908–1942 1923–1942
* **Hofstetter**, Hans	SH	Arbeiter	KP	1892–2.WK –2.WK

* **Hofstetter**, Emilia		Arbeiterin		1894	
* **Hofstetter**, Hans				–2. WK	–2. WK
* **Hofstetter**, Margarite				1929–2. WK	–2. WK
Hürlimann, Karl	ZH	Buchhalter	KP	1905–1979	1924–1929
Jäggi, Max mit Frau und Kind	ZH				1924
Kubli, Nikolaus					1923–
Küng, Nikolaus mit Frau und Tochter	ZH	Hilfsarbeiter	KP		
Märki, Ernst	ZH	Schmied			1923–
* **Mundwiler**, Ernst verh. m. F. Herrmann	SH	Schreiner	KP	1888–	1923–
* **Platten**, Fritz	ZH	Politiker	KP	1883–1942	1923–1942
* **Platten**, Peter **Platten**, Maria	ZH	Schreiner	KP	1852–1925	1923–1925 1923–1928
Riedicker, Reinhold					
Rüeger, Friedrich, mit Frau und Kind					
* **Rüegg**, Paul mit Frau und Kindern	ZH	Schreiner	KP	1898–1937	–1937
Roth, Nikolaus					1925–
* **Sauter**, Adolf	SH	Gärtner/ Tramführer	KP	1878–	1923–
* **Sauter**, Sophie			KP	1878–	1924–

111

Siegfried, Emilie	SH	Damenschneiderin		1888–	1924–
Sommerhalder, Max	ZH	Kaufmann		1905–1979	1924–
Süss, Ernst	ZH	Agronom		1886–	1923–
Schopper, Hermann	SH		KP	1893–1968	1924–1929
Schopper, Elisabeth				1891–	1924–1929
Schopper, Riva				1925	1925–1929
Schopper, Sonja				1927	1927–1929
* **Stäuble**, Otto					
* **Stäuble**, Maria					
Treichler					
Treichler, Amalie					
Ulrich: Familie					
Vogel, Karl	SH				
* **Vollmer**, Rudolf	SH	Gärtner	KP	1882–1965	1924–1965
* **Vollmer**, Lina				1886–	1924–
Vollmer, Gerhard				1915–	1924–
* **Vollmer**, Armin				1913–1939	1924–1939
Vollmer, Marie				1912–	
Vollmer, Lina				1934–	
die letzten beiden verm. Frau und Tochter von Armin Vollmer					
Wäffler, Karl	SH	Modellschreiner/ Metallarbeitersekretär	KP	1890–1944	1923–1933

Wäffler, Elise				1889–1967	1924–1933
Wäffler, Karl				1916	1924–1933
Wäffler, Oskar				1919–1968	1924–1933
Weber, Jakob	SH	Giesser	KP	1891–	
Weber, Lina				1883–	
Weber, Margaretha				1913–	
Weber, Gottfried				1914–	
* **Wildhaber,** Jakob und Frau	ZH	Dr. math./Lehrer	KP	1887–	1924–
* **Zimmermann,** Berta	ZH			1902–1937	1924–1937
Zurmühle, Ernesto		Wagner			1923–
Zöbeli, Albert	ZH	Werkzeug-mechaniker	KP	1893–1968	1924–1930
Zöbeli, Maria				1891–1958	1924–1930
Zöbeli, Adolf				1921	1924–1930

Anmerkungen

Vorwort

[1] Schweizer im Zarenreich. Zur Geschichte der Auswanderung nach Russland. Von Roman Bühler, Heidi Gander-Wolf, Carsten Goehrke, Urs Rauber, Gisela Tschudin und Josef Voegeli. Rohr Vlg. Zürich 1985
[2] siehe Kap. 3, «Internationale Hilfe für das hungernde Russland» L. S. Ozerov. Stroitel'stvo socializma v SSSR i meždunarodnaja proletarskaja solidarnost' (1921–1937), S. 98–105
[3] Diesen und die folgenden siehe Bibliographie

1. Im Zeichen der Resignation

[1] H. U. Jost, Bedrohung und Enge. In: Geschichte der Schweiz, Bd. III, S. 143
[2] F. Marbach, Der Generalstreik 1918, S. 29
[3] H. B. Kunz, Weltrevolution und Völkerbund, S. 51
[4] Die revolutionären Umtriebe in der Schweiz 1916–1919, S. 33
[5] F. Brupbacher, 60 Jahre Ketzer, S. 213

2. Die gespannten Beziehungen zur Sowjetunion

[1] Sten. Bull. NR, 19. Juni 1924, S. 533
[2] E. Bonjour, Abbruch der Beziehungen zu Russland. In: Neutralität, B. II, S. 276
[3] 1913 sind Waren im Wert von 59 Mio. Franken nach Russland exportiert worden, 1919 für 121 Mio., 1920 nur noch für 1 Mio. und 1923 für 2 Mio. Sten. Bull. NR, 19. Juni 1924, S. 528
[4] P. Stettler, Die Beziehungen. In: Das aussenpolitische Bewusstsein, S. 329

3. Internationale Hilfe für das hungernde Russland

[1] B. Gross, W. Münzenberg, S. 125
[2] siehe Kap. 5, «Die Landwirtschaftsplitik der UdSSR»
[3] W. Münzenberg, 5 Jahre IAH, S. 5
Er spricht von über 40 Millionen
[4] B. Gross, W. Münzenberg, S. 125
[5] siehe dazu: B. M. Weissmann. Herbert Hoover and Famine Relief to Soviet Russia. Stanford/Cal. 1974
[6] siehe seine Broschüre: An das Gewissen der Völker. Rede vor dem Internationalen Arbeitsamt in Genf am 12. November 1921
[7] USPD = Unabhängige Sozialdemokratische Partei Deutschlands
[8] B. Gross, W. Münzenberg, S. 126
Neugründung der Zweiten Internationale 1919
[9] Appell Lenins, 2. August 1921. In: W. Münzenberg, Solidarität, S. 188
[10] B. Gross, W. Münzenberg, S. 127
[11] IAH = Internationale Arbeiterhilfe
[12] Mežrabpom = meždunarodnaja rabočaja pomošč'
Zur Geschichte der Mežrabpom:
D. Mičev, Mežrabpom – organizacija proletarskoj solidarnosti, Moskva 1971
B. M. Zabarko, Klassovaja bor'ba i meždunarodnaja rabočaja pomošč, Kiev 1974
W. Münzenberg, 5 Jahre IAH, Berlin 1926
ders., Solidarität. 10 Jahre IAH 1921–1931, Berlin 1931
[13] Sie wurde 1935/36 vom Schweizer Karl Hofmaier liquidiert. Siehe: K. Hofmaier, Memoiren eines Schweizer Kommunisten, S. 76 f. und B. Gross, W. Münzenberg, S. 287
[14] Otto Volkart emigrierte 1926 in die Sowjetunion, wo er als Professor Vorlesungen an der ersten staatlichen Moskauer Universität über die westeuropäische Literatur hielt. In: Kämpfer, 14. Oktober 1926, Nr. 230
[15] W. Münzenberg, 5 Jahre IAH, S. 39
[16] Die schweizerische IAH-Sektion, die bis zum 1. Juni 1922 Fr. 370 000.– gesammelt hatte (W. Münzenberg, 5 Jahre IAH, S. 48), stellte ihre Tätigkeit nach dem Ruhraufstand im Oktober 1923 für sieben Jahre ein, was Stettler (KPS 1921–1931, S. 439) auf Spannungen innerhalb der IAH und der IRH zurückführt. Ein weiterer Grund dürfte die Auswanderung des bei der Arbeiterschaft beliebten F. Platten gewesen sein.
[17] B. Gross, W. Münzenberg, S. 139
[18] Dübi, Danilina, Gespräch 1982
[19] W. Münzenberg, Brot und Maschinen für Sowjetrussland
Der Titel der Broschüre ist typisch für die neue Hilfe.

[20] SH AZ, 12. Juli 1922, Nr. 159
[21] ebda, 13. Juli 1922, Nr. 160
[22] ebda, 25. September 1922, Nr. 223. Hervorhebung von mir.
[23] ebda, 9. Juni 1922, Nr. 131
[24] ebda, 15. Juli 1922, Nr. 162
[25] ebda, 19. Dezember 1922, Nr. 296
[26] Basler Vorwärts, 1. Februar 1923, Nr. 27
[27] ebda, 5. Februar 1923, Nr. 30
[28] D. Mičev, Mežrabpom, S. 36–109
W. Münzenberg, Solidarität, S. 495–501
ders., 5 Jahre IAH, S. 153–157
[29] W. Münzenberg, Solidarität, S. 495
[30] ebda, S. 496f.
[31] SH AZ, 6. Mai 1922, Nr. 104
[32] P. Thalmann, Revolution für die Freiheit, S. 56
[33] Kämpfer, 14. Mai 1925, Nr. 110
[34] Basler Vorwärts, 16. März 1922, Nr. 62

4. Fritz Platten gründet eine Auswandererorganisation

[1] Fritz N. Platten, Mein Vater, S. 18
[2] L. Haas, Lenin an Platten, S. 70
[3] W. Gautschi, Lenin, S. 67
[4] ders., Dokumente zum Landesstreik, S. 54
[5] Kämpfer, 4. Februar 1924, Nr. 28
[6] W. Gautschi, Landesstreik, S. 99
[7] ebda, S. 147ff.
[8] ders., Dokumente zum Landesstreik, S. 431f.
[9] J. Voegeli, Die Rückkehr der Russlandschweizer, S. 72–81
[10] Russlandschweizer-Archiv, Zürich. Russlandschweizerkomitee Moskau, Protokoll, 8. Oktober 1919
[11] ebda
[12] ebda, Protokoll, 18. Oktober 1919
[13] L. Haas, Carl Vital Moor, S. 194
[14] C. V. Moor (1852–1932) emigrierte 1920 in die Sowjetunion, kehrte aber 1927 enttäuscht nach Berlin zurück. In: L. Haas, C. V. Moor, S. 247ff.
[15] P. Stettler, KPS 1921–1931, S. 15–45

Die Idee der Genossenschaftsgründung

[16] O. Svencickaja, Schweizer Kommunen, «Vorwärts» 1984, S. 26
[17] Basler Vorwärts, 11. April 1923, Nr. 84
[18] O. Svencickaja, Schweizer Kommunen, «Vorwärts» 1984, S. 27
[19] BA, E 7175 (A¹), 20. Vermerk, 22. März 1922
[20] NZZ, 14. November 1922, Nr. 1490
[21] BA, Personendossier Platten 21/9312
Volkszeitung, 25. Januar 1923, Nr. 21
[22] Zöbeli, Narkomsem an Genosse Platten. Ohne Datum, vermutlich März 1923
[23] heute Ul'janovsk
[24] BA, E 7175 (A¹), 20. Vermerk, 22. März 1922
[25] Unerklärlich ist, wieso Platten später schreibt, die Sowjetunion habe ursprünglich einer Emigration ablehnend gegenübergestanden, und diese Haltung habe sich erst im Frühjahr 1923 geändert (OMD, Ansiedlungs-Verhältnisse, S. 2).
[26] Basler Vorwärts, 11. April 1923, Nr. 84

Die Reaktion der KPS

[27] Die Kommunistische Partei der Schweiz 1922/24, 1924, S. 92
[28] Basler Vorwärts, 9. März 1923, Nr. 58
[29] ebda
[30] ebda
[31] ebda
[32] SH AZ, 14. September 1924, Nr. 216
[33] Basler Vorwärts, 9. März 1923, Nr. 58
[34] ebda, 24. April 1923, Nr. 95 und 13. Dezember 1923, Nr. 292
[35] ebda, 3. Oktober 1923, Nr. 231

Die Gründungsversammlung

[36] OMD, Ansiedlungs-Verhältnisse, S. 1
[37] ebda, S. 2
[38] ebda
[39] OMD, Fragebogen
[40] siehe «Verzeichnis der Auswanderer»

⁴¹ siehe Kap. 4, «Das Organisations-Statut» und «Das Pingpongspiel um die Subventionierung»
⁴² Zöbeli, Verzeichnis der Auswanderer nach Sowjet-Russland. Ohne Datum.

Wer sind sie? Warum wollen sie auswandern?

⁴³ OMD, Ansiedlungs-Verhältnisse, S. 2
⁴⁴ siehe «Verzeichnis der Auswanderer»
⁴⁵ siehe S. 19, Anm. 20
⁴⁶ M. Barthel, Sowjetrussland im Bild, Herbst 1921. In: B. Gross, W. Münzenberg, S. 135
⁴⁷ OMD, Ansiedlungs-Verhältnisse, S. 1
⁴⁸ P. Stettler, KPS 1921–1931, S. 142–156
⁴⁹ OMD, Ansiedlungs-Verhältnisse, S. 1
⁵⁰ M. Barthel, Arbeiterseele, S. 81
⁵¹ SH AZ, 15. Januar 1925, Nr. 11
⁵² OMD, Ansiedlungs-Verhältnisse, S. 1
   Bei 36 männlichen Nova Lava-Auswanderern entsprechen 3% gerade einem Arbeitslosen.
⁵³ ebda, S. 1
⁵⁴ So lautete auch eine 10teilige Serie in der «Schaffhauser Arbeiter-Zeitung» von Feodor Germanowitsch vulgo Habakuk (d.i. F. Anneveldt) vom 23. März 1925 – 2. April 1925, die als Broschüre im selben Jahr erschienen sein soll.
⁵⁵ OMD, Ansiedlungs-Verhältnisse, S. 1
⁵⁶ P. Stettler, KPS 1921–1931, S. 239
⁵⁷ Gespräch W. Brand, 19. Mai 1984

Die Reise der Besichtigungskommission

⁵⁸ Th. Rohr, Schaffhausen und der Landesstreik, S. 53/58/81f.
⁵⁹ OMD, Ansiedlungs-Verhältnisse, S. 14
   Beim dritten Kommissionsmitglied handelte es sich nicht, wie Svencickaja schreibt (Schweizer Kommunen, «Vorwärts» 1984, S. 27), um Rudolf Vollmer.
⁶⁰ OMD, Ansiedlungs-Verhältnisse, S. 2
⁶¹ SH AZ, 17. August 1923, Nr. 192 und 23. August 1923, Nr. 197
   Die Kommission traf nicht, wie Svencickaja schreibt (Schweizer Kommunen, «Vorwärts» 1984, S. 27) schon im Juli ein.

[62] Im Wiedererwägungsgesuch vom Juni 1924 (Staatsarchiv SH, S. 3) steht 626 Desjatinen (= 682 Hektaren), ebenso bei Svencickaja (Schweizer Kommunen, «Vorwärts» Sonderdruck, S. 28). 1930 schreibt Platten sogar, das Gut Nova Lava sei 850 Hektaren gross gewesen (Platten/Münzenberg, Mit Pflug und Traktor, S. 4).
[63] OMD, Ansiedlungs-Verhältnisse, S. 2f.
[64] Zöbeli, Brief des Narkomsem an Fritz Platten
[65] OMD, Ansiedlungs-Verhältnisse, S. 3
[66] SH AZ, 23. August 1923, Nr. 197
[67] OMD, Ansiedlungs-Verhältnisse, S. 2
Es mutet seltsam an, dass zuwenig Geld vorhanden gewesen sein soll, hätte die von den V.A.R.-Mitgliedern einbezahlte Summe doch Fr. 6900.– betragen sollen, was, falls nicht für die Emigration gespart wurde, für die Besichtigung Maslowsky's durchaus gereicht hätte.
Es stimmt nicht, dass mehrere Güter besichtigt worden sind, wie immer wieder behauptet worden ist, zum Beispiel:
O. Svencickaja, Schweizer Kommunen, «Vorwärts» 1984, S. 27
Sten. Bull. NR, 11. Juni 1924, S. 409
[68] SH AZ, 23. August 1923, Nr. 197
[69] OMD, E. Süss, Besichtigung, S. 14
[70] Lokomobile = fahrbare Dampfmaschine
[71] Selbstbinder = Bindemäher = Maschine, die das Getreide mäht und gleichzeitig zu Garben bindet.
[72] OMD, E. Süss, Besichtigung, S. 14f.
[73] SH AZ, 23. August 1923, Nr. 197
[74] Staatsarchiv SH, Vertrag (Entwurf) betreffend die Übergabe des Sowjetgutes «Nowaja Lawa»
[75] ebda, S. 1
[76] ebda, S. 2
[77] ebda, S. 4
[78] ebda, S. 5
Um auf die Summe von 33 536 Goldrubel zu kommen, hätte der Pachtzins später nochmals erhöht werden müssen.
[79] ebda, S. 6

Plattens Versprechungen

[80] Am 8. September. SH AZ, 11. September 1923, Nr. 213
[81] Am 11. und 25. September. SH AZ, 14. September 1923, Nr. 216 und 26. September 1923, Nr. 226

82 SH AZ, 11. September 1923, Nr. 213
83 ebda, 7. September 1923, Nr. 210
84 OMD, Ansiedlungs-Verhältnisse
Ein weiteres Exemplar ist dem Subventionierungsgesuch Sauters vom 1. Oktober 1923 beigegeben, das im Staatsarchiv Schaffhausen verwahrt wird.
85 Das Vaterland der Arbeiter. Warum wollen die Arbeiter nach Russland auswandern? Kämpfer, 3. Oktober 1923 – 19. Oktober 1923
86 OMD, Ansiedlungs-Verhältnisse, S. 6
87 ebda, S. 12
88 Platten rechnet mit dreissig Auswandererfamilien. Dementsprechend müssen bis zu diesem Zeitpunkt mindestens neununddreissig Auswanderungswillige von ihrem Plan Abstand genommen haben. Tatsächlich wanderten bis 1925 dreiunddreissig Familien nach Nova Lava aus, von denen nur die Hälfte im Mitgliederverzeichnis der V.A.R. vom Frühjahr/Sommer 1923 verzeichnet sind.
89 OMD, Ansiedlungs-Verhältnisse, S. 13 f.
90 ebda, S. 14
91 Eidgen. Statistische Mitteilungen, Haushaltsrechnungen 1919, S. 22
92 Staatsarchiv SH, Wiedererwägungsgesuch der V.A.R. an den Regierungsrat, 3. Juni 1924, S. 4
93 OMD, Ansiedlungs-Verhältnisse, S. 14
94 OMD, E. Süss, Besichtigung, S. 15
95 SH AZ, 23. August 1923, Nr. 197

Das Organisations-Statut

96 OMD, Organisations-Statut, S. 1
97 «Solidarität» war auch der Titel von Münzenbergs Buch über die IAH.
98 siehe Kap. 5, «Die Landwirtschaftspolitik der UdSSR», Anm. 7
99 SH AZ, 4. März 1924, Nr. 53
100 ebda, 6. Mai 1924, Nr. 104
101 OMD, Offiz. Bericht von Genosse Platten, Nova Lava, 20. 1. 1924 und: Dichtung und Wahrheit über Russland. Der öffentliche Dienst, 27. Februar 1925, Nr. 8
102 Staatsarchiv SH, Wiedererwägungsgesuch der V.A.R. an den Regierungsrat, 3. Juni 1924, S. 8
103 Platten/Münzenberg, Mit Pflug und Traktor, S. 4
104 SH AZ, 26. März 1925, Nr. 71
105 OMD, Organisations-Statut, S. 1

Das Pingpongspiel um die Subventionierung

106 siehe Kap. 4, «Die Idee der Genossenschaftsgründung»
107 BA, E 7175 (A¹), 20. Brief der Direktion der Volkswirtschaft des Kt. Zürich an das Eidgen. Arbeitsamt, 19. März 1924
108 F. Platten, Das «Auswanderungsparadies» Räterussland. Inprekorr, 9. Juni 1925, Nr. 92, S. 1253
109 OMD, Brief der Genossenschaft Solidarität (E. Frick) an das städt. Arbeitslosenfürsorgeamt, Zürich, 10. Dezember 1923
110 siehe Kap. 4, «Die Gründungsversammlung»
111 OMD, Brief der Genossenschaft Solidarität (E. Frick) an das städt. Arbeitslosenfürsorgemt, Zürich, 10. Dezember 1923
112 vermutlich ca. Fr. 25 800.–, siehe Kap. 6, «Die Ernährung und die finanzielle Situation nach der Missernte»
113 BA, E 7175 (A¹), 15. Gutachten über die Auswanderungsförderung von J. Mohr, Chef des Eidg. Arbeitsamtes, 20. April 1922
114 Amtliche Sammlung der Bundesgesetze und Verordnungen, 1919, S. 901
115 ebda, S. 902
116 E. H. Bovay, le Canada et les Suisses, S. 290, Anm. 517
117 BA, E 7175 (A¹), 20. Vermerk. 22. März 1922
118 Sten. Bull. NR, 11. Juni 1924, S. 408
Belmont bezieht sich auf ein privates Gespräch von 1922
119 ebda
120 BA, E 7175 (A¹), 20. Brief an das Eidgen. Arbeitsamt, 28. September 1923, ohne Absender
121 Staatsarchiv SH, Gesuch A. Sauter an den Regierungsrat, 1. Oktober 1923
122 ebda, Brief der Staatskanzlei des Kt. Schaffhausen an den Stadtrat, 18. Oktober 1923
123 Stadtarchiv SH, Armen- und Krankenwesen an den Stadtrat, 29. Januar 1924
124 ebda, S. 3
125 ebda, Armen- und Krankenwesen an den Stadtrat, 29. Januar 1924, S. 4
126 ebda, S. 6
127 Staatsarchiv SH, Stadtrat an den Regierungsrat, 4. Februar 1924
128 Stadtarchiv SH, Staatskanzlei Kt. Schaffhausen an den Stadtrat, 22. März 1924
129 ebda, Stadtratsprotokolle vom 26. März und 9. Juli 1924
130 Stadtarchiv SH, Armenreferent Conrad Leu an den Stadtrat, 2. April 1924, S. 4
131 ebda, Stadtrat an Ernst Frick, 7. April 1924

[132] SH Intelligenzblatt, 8. Mai 1924, Nr. 108
[133] BA, E 7175 (A¹), 20. Direktion der Volkswirtschaft an Eidgen. Arbeitsamt, 19. März 1924
[134] ebda, EVP an Eidgen. Arbeitsamt, 31. März 1924
[135] ebda, EPD an Eidgen. Arbeitsamt, 27. März 1924
[136] Stadtarchiv SH, Direktion des Gewerbewesens an Stadtrat, 4. Juli 1924
[137] ebda, Gesuch Ernst Frick an den Stadtrat, 12. Juni 1924
[138] ebda, Wiedererwägungsgesuch der V.A.R. an den Stadtrat, 12. Juni 1924
Staatsarchiv SH, Wiedererwägungsgesuch der V.A.R. an den Regierungsrat, 3. Juni 1924
[139] Staatsarchiv SH, Wiedererwägungsgesuch S. 2. Bezeichnender Tippfehler; eigentlich müsste es «Tenor» heissen.
[140] ebda, S. 2
[141] ebda, S. 2
[142] ebda, S. 5
[143] Staatsarchiv SH, EVP an V.A.R., 30. Juni 1924
[144] Sten. Bull. NR, 11. Juni 1924, S. 410
[145] ebda, S. 411
[146] Staatsarchiv SH, Verfügung der Direktion der Volkswirtschaft des Kantons Zürich, 1. Juli 1924
[147] Stadtarchiv SH, Kant. Gewerbedirektion an den Stadtrat, 4. Juli 1924
[148] ebda, Auszug aus dem Stadtratsprotokoll vom 9. Juli 1924
[149] Staatsarchiv SH, Regierungsratsbeschluss vom 9. Juli 1924
[150] Stadtarchiv SH, Stadtkanzlei an H. Schlatter, 28. Juli 1924
[151] ebda, Stadtratsprotokoll vom 23. Juli 1924
[152] Sten. Bull. NR. 11. Juni 1924, S. 412
[153] ebda

Der Vortrupp zieht los

[154] NZZ, 3. Oktober 1923, Nr. 1350
[155] Auswanderung nach Russland. Bund, 4. Oktober 1923
Plattens Expedition nach Russland. Thurgauer Zeitung, 4. Oktober 1923
Die Kolonisationsbestrebungen Plattens. Neues Winterthurer Tagblatt, 9. Oktober 1923
[156] NZZ, 30. September 1923, Nr. 1332
[157] siehe Kap. 4, «Plattens Versprechungen»
[158] Die Eltern von F. Platten versteigerten in der letzten Septemberwoche 1923 ihren Hausrat in Dietikon. In: NZZ, 30. September 1923, Nr. 1332
[159] Gespräch Karl Wäffler jun., 5. Juni 1984

160 Alle mit Ausnahme von E. Süss sind aufgeführt in: Dübi, Protokollauszug der Generalversammlung vom 13. Februar 1924
161 Kämpfer, 17. Januar 1924, Nr. 13
162 ebda
163 Dübi, Telegramm an die landwirtschaftliche Verwaltung des Gouvernements Simbirsk von unbekanntem Moskauer Absender, 12. Oktober Mundwiler gibt als Ankunftsdatum Sonntag, den 7. Oktober an, was kaum zutreffen dürfte (Kämpfer, 13. November 1923, Nr. 266).
164 Kämpfer, 13. November 1923, Nr. 266
165 Dübi, Telegramm an die Verwaltung des Gouv. Simbirsk, 12. Oktober
166 Kämpfer, 13. November 1923, Nr. 266
167 ebda, 18. Januar 1924, S. 14
168 ebda
169 ebda, 13. November 1923, Nr. 266
170 ebda, 18. Januar 1924, Nr. 14
171 ebda, 13. November 1923, Nr. 266
172 ebda
173 ebda, 19. Januar 1924, Nr. 15
174 ebda
175 ebda
176 ebda, 18. Januar 1924, Nr. 14
177 SH AZ, 4. März 1924, Nr. 53
178 ebda
179 ebda
180 Kämpfer, 19. Januar 1924, Nr. 15
181 Staatsarchiv SH, Wiedererwägungsgesuch, 3. Juni 1924, S. 4
182 Zur Vertragsunterzeichnung, zu der Platten von der Genossenschaft Solidarität eine Vollmacht erteilt worden war (Dübi, Protokollauszug der Generalversammlung vom 13. Februar 1924 in Nova Lava), kam es erst Ende Januar oder im Februar, nachdem *«eine Streitsache im Betrage von Fr. 25 000–26 000.–»* geregelt worden war (OMD, Offiz. Bericht des Gen. Platten, Nova Lava, 20. Januar 1924).
183 SH AZ, 4. März 1924, Nr. 53
184 ebda
Im Wiedererwägungsgesuch (Staatsarchiv SH, S. 3) ist von 25 Stück Hornvieh, 18 Pferden, 31 Schafen, 39 Schweinen und 24 Stück Federvieh die Rede, andernorts von 22 Pferden und 25 Stück Hornvieh (F. Platten, Das «Auswanderungsparadies» Räterussland. Inprekorr, 9. Juni 1925, Nr. 92, S. 1254).
185 SH AZ, 4. März 1924, Nr. 53
186 ebda

[187] SH AZ, 4. März 1924, Nr. 53
[188] Gespräch W. Brand, 19. Mai 1984
[189] Dübi, Brief von E. Graf, Nova Lava, 4. April 1924

Die Reise des Haupttrupps

[190] SH AZ, 15. März 1924, Nr. 63
[191] NZZ, 30. September 1923, Nr. 1332
[192] siehe «Verzeichnis der Auswanderer»
[193] STO = sovet truda i oborony
[194] OMD, Offiz. Bericht des Gen. Platten, Nova Lava, 20. Januar 1924
[195] ebda
[196] Dübi, Brief von E. Graf, Nova Lava, 18. Mai 1924
[197] OMD, Offiz. Bericht des Gen. Platten, Nova Lava, 20. Januar 1924
[198] SH AZ, 20. März 1924, Nr. 67
[199] siehe Kap. 7, «Der zweite Versuch: Tjoplovka...»
[200] O. Svencickaja, Schweizer Kommunen, «Vorwärts» 1984, S. 28
[201] BA, E 7175 (A¹), 20. Direktion der Volkswirtschaft des Kts. Zürich an das Eidgen. Arbeitsamt, 19. März 1924
[202] O. Svencickaja, Schweizer Kommunen, «Vorwärts» 1984, S. 28
Im Wiedererwägungsgesuch (Staatsarchiv SH, S. 3) ist von 5 Eisenbahnwagen Waren und vielen hundert Stückgütern die Rede, in einem Brief Plattens vom 7. Juni 1924 von 3 Wagen (SH AZ, 2. Juli 1924, Nr. 151).
[203] Dübi, Brief von E. Graf, Nova Lava, 4. April 1924
[204] ebda, Danilina, Gespräch 1982
[205] Bloch, Protokollbuch KP Neuhausen, Referat, 19. Juni 1926
[206] SH AZ, 6. Mai 1924, Nr. 104

5. Die Landwirtschaftspolitik der UdSSR

[1] R. Lorenz, Die Sowjetunion, S. 300
[2] F. Kool/E. Oberländer (Hrsg.), Arbeiterdemokratie oder Parteidiktatur, Bd. 2, S. 329
[3] ebda, S. 440
[4] Über die Einheit der Partei. Resolution des X. Parteitages der KPR, vom März 1921. In: Lenin, Über Organisationsfragen, S. 127
[5] siehe Kap. 3, «Internationale Hilfe für das hungernde Russland»

6 Aus der Resolution über das Verhältnis zur mittleren Bauernschaft. VIII. Parteitag, 23. März 1919. In: Lenin über das Genossenschaftswesen, S. 73
7 Kolchosen (= kollektivnoe chozjajstvo = Kollektivwirtschaft) zeichnen sich durch genossenschaftliche Organisation und gemeinsame Bodenbearbeitung aus. Bei der einfachsten Form, der «Genossenschaft zur gemeinsamen Bodenbearbeitung» (= tovariščestvo po sovmestnoj obrabotke zemli) sind Versorgung und Produktionsmittel individuell, beim «landwirtschaftlichen Artel» ist schon der Grossteil der Produktionsmittel vergesellschaftet und bei der «landwirtschaftlichen Kommune» auch der Konsum.

Sovchosen (= sovetskoe chozjajstvo = Sowjetwirtschaft) sind landwirtschaftliche Industriebetriebe. Die darauf arbeitenden Bauern sind Staatsangestellte.

Von den Kollektivwirtschaften zu unterscheiden sind die «landwirtschaftlichen Genossenschaften» (= zemledel' ceskij kooperativ), wie wir sie auch in der Schweiz kennen, bei denen nur gewisse Produktionsmittel vergesellschaftet sind, nicht aber der Boden bzw. die Bodenbearbeitung.

Vor allem landwirtschaftliche Genossenschaft und Kollektivwirtschaft wurden in der Literatur, die sich mit der Agrarpolitik dieser Zeit beschäftigt, häufig nicht unterschieden, einerseits, weil die Grenzen fliessend waren, andererseits, weil die Begriffe oft falsch übersetzt wurden. Aber auch der Begriff «Sovchos» wurde manchmal auf «Kolchos» angewandt. siehe Kap. 4, «Das Organisations-Statut»

8

	Sovchosen	Kolchosen
1918	3 101	950
1919	3 985	6 189
1920	5 365	10 470
1921	5 318	15 570

In: A. Sack, Kollektivierungsversuche, S. 50/104
9 Zit. nach D. Bronger, Sowjetische Agrarpolitik 1925–1929, S. 35, Anm. 5
10 Lenin, Über das Genossenschaftswesen, Mai 1923. In: Lenin über das Genossenschaftswesen, S. 99
11 W. W. Kujbischew, Die Tätigkeit der Partei auf dem Gebiet des Genossenschaftswesens, 5. August 1922. In: Russische Korrespondenz, S. 689
12 Russland. Englische Gewerkschaftsdelegation 1924, S. 206
13 F. Pollock, Planwirtschaftliche Versuche, S. 165 f. D. Bronger, Sowjetische Agrarpolitik, S. 45 nennt sogar 9,5 Mio. Genossenschaftsmitglieder, das sind 37,8% der Bauern.
14 F. Pollock, Planwirtschaftliche Versuche, S. 164
15 A. Sack, Kollektivierungsversuche, S. 103
16 D. Bronger, Sowjetische Agrarpolitik 1925–1929, S. 141

[17] Beschluss des XV. Parteitages zur Agrarpolitik. In: D. Bronger, Sowjetische Agrarpolitik 1925–1929, S. 143

6. Das Gut «Nova Lava»

[1] 38 Stunden gemäss Treichler. Kämpfer, 11. Januar 1927, Nr. 8
[2] SH AZ, 26. März 1925, Nr. 71
[3] Dübi, Brief von E. Graf, Nova Lava, 4. April 1924
[4] SH AZ, 26. März 1925, Nr. 71/Inprekorr, 9. Juni 1925, Nr. 92, S. 1254
E. Graf schreibt, das Gut habe ursprünglich 1800 Desjatinen umfasst (Dübi, 4. April 1924).
[5] O. Svencickaja, Schweizer Kommunen, «Vorwärts» 1984, S. 28
[6] Kämpfer, 13. November 1923, Nr. 266
[7] Dübi, Brief von E. Graf, Nova Lava, 4. April 1924
[8] SH AZ, 24. März 1925, Nr. 69
[9] Kämpfer, 13. November 1923, Nr. 266
[10] Dübi, Brief von E. Graf, Nova Lava, 4. April 1924
[11] SH AZ, 19. Dezember 1924, Nr. 297
[12] ebda, 26. März 1925, Nr. 71
[13] OMD, E. Süss, Besichtigung, S. 15
[14] SH AZ, 26. März 1925, Nr. 71
[15] OMD, Ansiedlungs-Verhältnisse, S. 11
[16] ebda, S. 10 f.
[17] SH AZ, 19. Dezember 1924, Nr. 297
[18] ebda, 31. März 1925, Nr. 75
[19] ebda
[20] ebda, 31. März 1925, Nr. 75
[21] Bloch, Protokollbuch KP Neuhausen, Referat, 19. Juni 1926
[22] Kämpfer, 14. Mai 1925, Nr. 110
[23] ebda
[24] Dübi, Brief von E. Graf, Nova Lava, 18. Mai 1924
[25] Encyclopaedia Britannica, Artikel «Kuybyshev», Micropaedia, Bd. V, S. 957 f.
[26] Staatsarchiv SH, Wiedererwägungsgesuch, statistische Beilagen, S. 3/ F. Platten, Das «Auswanderungsparadies» Räterussland. Inprekorr, 9. Juni 1925, Nr. 92, S. 1254
In Klammern Zahlen aus: Dichtung und Wahrheit über Russland. Der öffentliche Dienst, 27. Februar 1925, Nr. 8

[27] OMD, Ansiedlungs-Verhältnisse, S. 11
[28] ebda, E. Süss, Besichtigung. S. 15
[29] ebda, Ansiedlungs-Verhältnisse, S. 10
[30] SH AZ, 1. April 1925, Nr. 76
[31] SH AZ, 23. August 1923, Nr. 197/Referat S. Sauter, 19. Juni 1926 (Bloch, Protokollbuch KP Neuhausen)
[32] Dichtung und Wahrheit über Russland. Der öffentliche Dienst, 27. Februar 1925, Nr. 8. Im Wiedererwägungsgesuch (Staatsarchiv SH, S. 3) vom Juni 1924 ist von 50 Desjatinen die Rede.
[33] OMD, E. Süss, Besichtigung, S. 15
[34] SH AZ, 27. März 1925, Nr. 72
[35] siehe Kap. 4, «Die Reise der Besichtigungskommission»
[36] Staatsarchiv SH, Wiedererwägungsgesuch, S. 3
[37] SH AZ, 27. März 1925, Nr. 72
[38] ebda, 4. März 1924, Nr. 53

Die ersten drei Monate

[39] Dübi, Brief von E. Graf, Nova Lava, 18. März 1924
Danilina (Dübi, Gespräch 1982, S. 3) behauptet, das Gepäck sei erst ein halbes Jahr später eingetroffen
[40] SH AZ, 6. Mai 1924, Nr. 104
[41] Dübi, Brief von E. Graf, Nova Lava, 18. Mai 1924
Herrmann nennt die Zahl 72 (Wie es ihnen in Russland erging. SH Intelligenzblatt, 21. April 1928, Nr. 93).
[42] Dübi, Brief von E. Graf, Nova Lava, 4. April 1924
ebda, Danilina, Gespräch 1982
[43] ebda
[44] SH AZ, 6. Mai 1924, Nr. 104
[45] ebda
[46] ebda
[47] Bloch, Protokollbuch KP Neuhausen, Referat, 19. Juni 1926
[48] Dübi, Brief von E. Graf, Nova Lava, 18. Mai 1924
[49] ebda
[50] ebda/SH AZ, 6. Mai 1924, Nr. 104
[51] Dichtung und Wahrheit über Russland. Der öffentliche Dienst, 27. Februar 1925, Nr. 8
[52] Dübi, Brief von E. Graf, Nova Lava, 18. Mai 1924
[53] ebda, Brief von E. Graf, Nova Lava, 4. April 1924
[54] Staatsarchiv SH, Wiedererwägungsgesuch, S. 4

55 Dübi, Brief von E. Graf, Nova Lava, 18. Mai 1924
56 ebda

Die Dürre

57 Dübi, Brief von E. Graf, Nova Lava, 18. Mai 1924
58 SH AZ, 2. Juli 1924, Nr. 151
59 ebda, 12. Juli 1924, Nr. 160
60 ebda
61 Dübi, E. Frick an J. Graf in Frenkendorf, Nova Lava, 23. November 1924
62 ebda, Genossenschaft Solidarität an die Trauerfamilie Graf, Nova Lava, 16. Juli 1924
63 SH AZ, 31. Dezember 1924, Nr. 305
64 ebda
65 F. Platten, Das «Auswanderungsparadies» Räterussland. Inprekorr, 9. Juni 1925, Nr. 92, S. 1254

Der Wegzug der ersten Kommunarden

66 Bloch, Protokollbuch KP Neuhausen, Referat, 19. Juni 1926
67 Dübi, Brief von E. Graf, Nova Lava, 13. Juli 1924
68 Die Familien Küng und Stäuble, die im Frühjahr 1925 auf das neue Gut E. Schaffners in der Nähe von Kurgan zogen (Kämpfer, 14. Mai 1925, Nr. 110).
69 Bloch, Protokollbuch KP Neuhausen, Referat, 19. Juni 1926
70 SH AZ, 27. März 1927, Nr. 72
71 Familie Brand zog im Herbst 1924 nach Borisoglebsk, wo N. Kubli, der im Oktober 1923 als Übersetzer mit dem Vortrupp emigriert war und sofort eine Arbeit in der Stadt gesucht hatte, J. Brand in der 2. Fliegerschule eine Stelle als Schweisser vermittelte. In Borisoglebsk traf die Familie den Schweizer Emigranten Ernst Schacht (Gespräch W. Brand, 19. Mai 1984).
72 J. Wildhaber und seine Frau, eine bis 1924 in der Schweiz wohnhaft gewesene Russin; im Oktober 1924 (Auskunft Einwohnerkontrolle Sargans und H. P. Wildhaber, Sargans, 5. Juli 1984).
73 Karl Hürlimann und eventuell Berta Zimmermann
74 zusammen 6 Personen. SH AZ, 28. März 1925, Nr. 73
75 ebda
76 ebda, 31. Dezember 1924, Nr. 305
77 ebda, 6. Mai 1924, Nr. 104

78 ebda, 31. Dezember 1924, Nr. 305
79 Die Genarrten Fritz Plattens. SH Intelligenzblatt, 18. Februar 1925, Nr. 41
80 Die Enttäuschten aus dem Sowjetparadies. Der Rheintaler, 15. April 1925, In der Folge wird daraus zitiert.
Nowaja Lava. Das Fiasko von Plattens Schweizer Kolonie in Russland. Berner Tagblatt, 8. Mai 1925, Nr. 106.
Avec Platten, au Paradis soviétique. Gazette de Lausanne, 12. Mai 1925
81 siehe Kap. 6, «Die Ernährung und die finanzielle Situation nach der Missernte»
82 SH AZ, 25. Februar 1925, Nr. 46
83 ebda, 20. März 1925, Nr. 66
84 ebda, 1. April 1925, Nr. 76
85 Gespräch W. Brand, 19. Mai 1984
86 NZZ, 20. Februar 1925, Nr. 274
87 BA, 2015, 41. Konsulat Riga an EPD, 12. Februar 1925
88 ebda, 49. EPD an Schweiz. Konsulat in Stuttgart, 12. April 1933
89 ebda, 50. (EPD) an Schweiz. Konsulat in Helsinki, 16. Mai 1938
90 ebda, Schweiz. Konsulat Stuttgart an EPD, 7. April 1933
91 ebda, EPD an Schweiz. Konsulat Stuttgart, 12. April 1933
92 SH AZ, 27. März 1925, Nr. 72
93 Dübi, E. Frick an J. Graf in Frenkendorf, Nova Lava, 23. November 1924

Die Ernährung und die finanzielle Situation nach der Missernte

94 Dichtung und Wahrheit über Russland. Der öffentliche Dienst, 27. Februar 1925, Nr. 8
95 An die Gewerkschafter des Platzes Zürich. Der öffentliche Dienst, 9. Januar 1925, Nr. 1
96 Von den Schaffhauser Auswanderern. SH Intelligenzblatt, 13. Januar 1925, Nr. 45
97 NZZ, 11. Januar 1925, Nr. 45
98 F. Platten, Das «Auswanderungsparadies» Räterussland. Inprekorr, 9. Juni 1925, Nr. 92, S. 1253
99 SH AZ, 15. Januar 1925, Nr. 11
100 ebda
101 SH AZ, 15. Januar 1925, Nr. 11
Diese Geschenke kamen dann auch in Nova Lava an und wurden in einem Brief von Anfang Mai herzlich verdankt (SH AZ, 19. Mai 1925, Nr. 116).
102 NZZ, 20. Februar 1925, Nr. 274

103 Dichtung und Wahrheit über Russland. Der öffentliche Dienst, 27. Februar 1925, Nr. 8
104 Kämpfer, 27. Februar 1925, Nr. 48
105 SH AZ, 28. Februar 1925, Nr. 49
106 Schweiz. Stat. Mitteilungen, Haushaltrechnungen 1919, S. 166 ff.
107 SH AZ, 28. März 1925, Nr. 73
108 Dübi, Danilina, Gespräch 1982
109 Mitteilung A. Zöbeli, 10. Januar 1985
110 Dichtung und Wahrheit über Russland. Der öffentliche Dienst, 27. Februar 1925, Nr. 8
111 Ėkonomičeskaja Žižn', 21. Februar 1925, Nr. 43. Abgedruckt in: Le Citoyen, 26. März 1925
112 F. Platten, Das «Auswanderungsparadies» Räterussland. Inprekorr, 9. Juni 1925, Nr. 92, S. 1253 f. Erschien auch in: Basler Vorwärts, 27. Juni 1925, Nr. 148
113 F. Platten, Das «Auswanderungsparadies» Räterussland. Inprekorr, 9. Juni 1925, Nr. 92, S. 1254
114 Dichtung und Wahrheit über Russland. Der öffentliche Dienst, 27. Februar 1925, Nr. 8
115 Jäggi und Casanova erwähnen eine Anleihe von Fr. 15 000.– (Rbl. 5555.–) bei der IAH, die schon während der ersten 6 Monate aufgenommen wurde (Nowaja Lawa. Das Fiasko von Plattens Schweizer Kolonie in Russland. Berner Tagblatt, 8. Mai 1925, Nr. 106). Svencickaja spricht von einem Betrag von Rbl. 1940.– (Schweizer Kommunen, «Vorwärts» 1984, S. 33).
116 Mundwiler nennt den Betrag von Rbl. 8046.54.– (SH AZ, 31. Dezember 1924, Nr. 305).
117 siehe Kap. 4, «Das Organisations-Statut»
118 Diese Summe erhält man, wenn man von den Rbl. 27 686.– Investitions- und Übersiedlungskosten die im Januar erwähnte (Dichtung und Wahrheit über Russland. Der öffentliche Dienst, 27. Februar 1925, Nr. 8) Kapitaleinlage der Genossenschaft von Rbl. 17 000.– abzieht.
119 SH AZ, 31. Dezember 1924, Nr. 305
120 ebda
121 aus «Azija» (= Asien) und «neft» (= Erdöl)
122 Kämpfer, 10. März 1925, Nr. 76
123 SH AZ, 1. April 1925, Nr. 76
Laut A. Zöbeli hätte der gutseigene Wald niemals für einen derartigen Auftrag gereicht, ganz abgesehen von den mangelnden Facharbeitern (Mitteilung, 10. Januar 1985).
124 Mitteilung A. Zöbeli, 10. Januar 1985

Das Verhältnis zur einheimischen Bevölkerung

125 Kämpfer, 10. März 1925, Nr. 57
126 SH AZ, 19. Dezember 1924, Nr. 297
 ebda, 23. März 1925, Nr. 68
 Bloch, Protokollbuch KP Neuhausen, Referat, 19. Juni 1926
 Gespräch A. Zöbeli, 9. Februar 1984
127 Nowaja Lawa. Berner Tagblatt, 8. Mai 1925, Nr. 106
128 Kämpfer, 11. Januar 1927, Nr. 8
129 SH AZ, 17. April 1928, Nr. 89
130 Kämpfer, 14. Mai 1925, Nr. 110
131 Bloch, Protokollbuch KP Neuhausen, Referat, 19. Juni 1926
132 SH AZ, 4. März 1924, Nr. 53
 Kämpfer, 12. Januar 1927, Nr. 9
133 ebda. 11. Januar 1927, Nr. 8
134 ebda, 18. Januar 1924, Nr. 14
 ebda, 13. November 1923, Nr. 266
135 Die Familie Zöbeli Besprizornyj Mischa.
 SH AZ, 27. März 1925, Nr. 72
 Gespräch A. Zöbeli, 9. Februar 1984
136 Mitteilung A. Zöbeli, 10. Januar 1985
137 Kämpfer, 12. Januar 1927, Nr. 9
138 Gespräch K. Wäffler, 5. Juni 1984
139 SH AZ, 28. März 1925, Nr. 73
140 Bloch, Protokollbuch KP Neuhausen, Referat, 19. Juni 1926

Die Jahre bis zur Auflösung (1925–1927

141 siehe Kap. 6, «Der Wegzug der ersten Kommunarden»
142 OMD, Off. Bericht von Gen. Platten, Nova Lava, 20. Januar 1924
143 SH AZ, 28. März 1925, Nr. 73
144 Dübi, Danilina, Gespräch 1982
145 SH AZ, 16. Mai 1925, Nr. 113
146 ebda, 19. Mai 1925, Nr. 116
147 Dübi, Otryvki iz…, S. 1
148 SH AZ, 1. Juli 1925, Nr. 150
149 ebda, 18. September 1925, Nr. 218
150 ebda, 31. Mai 1926, Nr. 124
 vgl.: Bloch, Protokollbuch KP Neuhausen, Referat, 19. Juni 1926

Für ein weiteres Referat siehe: Stadtarchiv SH, Protokollbuch der Sektionsversammlungen des VPOD, Sektion SH, Referat, 18. Juni 1926
151 SH AZ, 14. Mai 1927, Nr. 112
152 Bloch, Protokollbuch KP Neuhausen, Referat, 19. Juni 1926
153 SH AZ, 31. Mai 1926, Nr. 124
154 Herrmann spricht von einer «Mittelernte» (Wie es ihnen in Russland erging, SH Intelligenzblatt, 21. April 1928, Nr. 93).
155 Bloch, Protokollbuch KP Neuhausen, Referat, 19. Juni 1926
156 Dübi, Danilina, Gespräch 1982
157 Bloch, Protokollbuch KP Neuhausen, Referat, 19. Juni 1926
158 Wie es ihnen in Russland erging. SH Intelligenzblatt, 21. April 1928, Nr. 93
Das Gut war ursprünglich von einer deutschen Künstlergemeinschaft betrieben worden, anschliessend von «Sepp» Herzog, einem Bruder des Schweizer Altkommunisten «Joggi» Herzog (Gespräch E. Illi, 15. Mai 1984). Mit der anderen Familie sind wahrscheinlich die Zöbelis gemeint. Maria Zöbeli und ihr Sohn Adolf wohnten um diese Zeit herum, bis sie in Moskau eine grössere Wohnung fanden, *«ein paar Monate»* in Puškino. Albert Zöbeli, der in Moskau bei den Dynamo-Werken arbeitete, kam jeweils am Wochenende zu Besuch (Gespräch A. Zöbeli, 9. Februar 1984 und Mitteilung, 10. Januar 1985).
159 SH AZ, 31. Mai 1926, Nr. 124
160 Bloch, Protokollbuch KP Neuhausen, Referat, 19. Juni 1926
161 Kämpfer, 10. März 1925, Nr. 57
162 Bloch, Protokollbuch KP Neuhausen, Referat, 19. Juni 1926
163 Dübi, Danilina, Gespräch 1982
164 SH AZ, 2. April 1925, Nr. 77
165 Bloch, Protokollbuch KP Neuhausen, Referat, 19. Juni 1926
166 Platten/Münzenberg, Mit Pflug und Traktor, S. 4
167 siehe Kap. 7, «...und Uvarovo»
168 Dübi, Danilina, Gespräch 1982
169 O. Svencickaja, Schweizer Kommunen, «Vorwärts» 1984, S. 35
170 Wie es ihnen in Russland erging. SH Intelligenzblatt, 21. April 1928, Nr. 93
171 SH AZ, 23. April 1928, Nr. 94
«Karl Liebknecht» war vermutlich der Name der ursprünglich dort angesiedelten Künstlergenossenschaft (vgl. Anmerkung 158). Das Gut sei später in Puškino umbenannt worden, da kein Russe «Karl Liebknecht» habe aussprechen können (Gespräch A. Zöbeli, 14. Februar 1984).
172 Wie es ihnen in Russland erging. SH Intelligenzblatt, 21. April 1928, Nr. 93

[173] SH AZ, 17. April 1928, Nr. 89
[174] Wie es ihnen in Russland erging. SH Intelligenzblatt, 21. April 1928, Nr. 93
[175] SH AZ, 17. April 1928, Nr. 89 ebda, 23. April 1928, Nr. 94
[176] P. Stettler, KPS 1921–1931, S. 170–235
[177] SH AZ, 17. April 1928, Nr. 89
[178] ebda
[179] W. Schulthess, Spartakiade-Fahrt 1928, S. 76 f.
[180] Mitteilung A. Zöbeli, 10. Januar 1985
[181] Gespräch W. Brand, 19. Mai 1984

7. Der zweite Versuch: Tjoplovka...

[1] SZ AZ, 2. Juli 1924, Nr. 151
[2] siehe Kap. 4, «Die Reise des Haupttrupps»
[3] Kämpfer, 14. Oktober 1924, Nr. 240
[4] SH AZ, 2. Juli 1924, Nr. 151
[5] Kämpfer, 15. Oktober 1924, Nr. 241
[6] ebda, 14. Oktober 1924, Nr. 240
[7] ebda, 11. Januar 1927, Nr. 8
[8] ebda, 14. Oktober 1924, Nr. 240
[9] ebda
[10] ebda, 11. Januar 1927, Nr. 8
[11] ebda, 14. Oktober 1924, Nr. 240
[12] ebda
[13] SH AZ, 30. März 1925, Nr. 74
[14] ebda, 20. April 1925, Nr. 90
[15] Bloch, Protokollbuch KP Neuhausen, Referat, 19. Juni 1926

...und Uvarovo

[16] Einzige Quelle ist:
Dübi, Otryvki iz rukopisi O. V. Svencickoj «Švejcarskie kommuny na rodine V. I. Lenina», S. 2 ff.
[17] Prombank = promyšlennyj bank = Industriebank
[18] siehe Kap. 6, «Die Jahre bis zur Auflösung (1925–1927)»

19 Svencickaja spricht sogar von 48 ursprünglichen Kolonisten (Dübi, Otryvki iz..., S. 2).

8. Das Mustergut Vas'kino

1 Platten/Münzenberg, Mit Pflug und Traktor, S. 12
2 Sauter bestätigt diese Zahlen im wesentlichen: 135 Hektaren Ackerland, 84 Hektaren Weide und 120 Hektaren Wald (SH AZ, 20. Februar 1930, Nr. 42). Wildberger berichtet von 100 Desjatinen Ackerland, 150 Desjatinen Weideland und 130 Desjatinen Wald (SH AZ, 23. Juli 1928, Nr. 170). Svencickaja gibt die Ackerfläche mit 270,8 Desjatinen an (Dübi, Otryvki iz..., S. 3). Schulthess spricht von ca. 200 Hektaren Land (Spartakiade-Fahrt, S. 79).
3 Dübi, Otryvki iz..., S. 8f.
4 Platten/Münzenberg, Mit Pflug und Traktor, S. 6
5 74 Nova-Lava-Kolonisten (siehe Kap. 6, «Die ersten Monate»), 14 Mitglieder des Tjoplovka-Vortrupps und 25 Mitglieder des Tjoplovka-Haupttrupps (siehe Kap. 7, «Der zweite Versuch: Tjoplovka...»)
6 Dübi, Otryvki iz..., S. 4
7 Dübi, Gruppenaufnahmen aus Vas'kino 1928 und 1929 mit Namensvermerken auf der Rückseite (Von R. Vollmer?);
8 Dübi, Otryvki iz..., S. 3
9 SH AZ, 23. Juli 1928, Nr. 179
10 Dübi, Danilina, Gespräch 1982
11 SH AZ, 2. Februar 1930, Nr. 42
12 ebda, 4. Juli 1929, Nr. 154
Telefon S. Schopper, Schaffhausen, 2. Mai 1984.
13 Dübi, Otryvki iz..., S. 4
ebda, Danilina, Gespräch 1982.
14 ebda, Otryvki iz..., S. 5
15 Platten/Münzenberg, Mit Pflug und Traktor, S. 6
16 Einige der Verbesserungen könnten auch erst im Jahr darauf vorgenommen worden sein. Plattens Zeitangaben sind nicht sehr präzise.
17 Platten/Münzenberg, Mit Pflug und Traktor, S. 6ff.
18 Svencickaja berichtet, die Genossenschaft habe Ende 1927 von Leningrader Arbeitern einen Traktor «International» geschenkt erhalten und einen weiteren der Marke «Fordson» durch die Vermittlung der IAH und des Landwirtschaftssowjets erstanden (Dübi, Otryvki iz..., S. 5). Der aus der

Schweiz mitgebrachte Traktor «Cleveland» wurde offenbar in Nova Lava zurückgelassen. Dank den neuen Traktoren konnte der Pferdebestand von 22 auf 10 reduziert werden (Platten/Münzenberg, Mit Pflug und Traktor, S. 6).

19 Laut Wildberger ein deutsches Fabrikat. 1929 soll der Ertrag von 5 Hektaren Sonnenblumen darin untergebracht gewesen sein (SH AZ, 17. August 1929, Nr. 192).
20 Dübi, Otryvki iz..., S. 4
21 Ähnliche Zahlen finden sich in:
SH AZ, 23. Juli 1928, Nr. 170: 100 Stück Hornvieh im Juli 1928
W. Schulthess, Spartakiade-Fahrt 1928, S. 80: 80 Kühe im August 1928
Dübi, Otryvki iz..., S. 4: 98 Stück Vieh im Herbst 1928
SH AZ, 9. Juli 1929, Nr. 158: über 100 Kühe, darunter 95 Milchkühe, im Sommer 1929
SH AZ, 6. August 1929, Nr. 180: 140 Kühe im Juli 1929
22 W. Schulthess, Spartakiade-Fahrt 1928, S. 80
23 Dübi, Otryvki iz..., S. 4
24 Wildberger schreibt Ende Juli 1929, es seien bereits 180 Kilogramm Honig geerntet worden (SH AZ, 6. August 1929, Nr. 180).
25 Gemäss Wildberger wurden im Sommer 1928 auch Hühner gehalten (SH AZ, 23. Juli 1928, Nr. 170).
26 Platten/Münzenberg, Mit Pflug und Traktor, S. 8
27 ebda
28 R. N. Balsiger, M. Moser, S. 189
29 Gespräch E. Illi, 15. Mai 1984
30 W. Bringolf, Mein Leben, S. 158
31 J. Humbert-Droz, 1931–1941, S. 347
32 heute Čechov
33 W. Schulthess, Spartakiade-Fahrt 1928, S. 78
34 Sowjetrussland. Bericht der schweizerischen Arbeiter-Delegation 1927, S. 47
Anlässlich dieses Besuches wurde den Kommunarden vom Vertreter der Schaffhauser VPOD-Sektion, Füllemann, Waren im Wert von Fr. 150.– übergeben (Stadtarchiv SH, Protokollbuch der Sektionsversammlungen des VPOD, Sektion SH, 5. Oktober 1927).
35 W. Schulthess, Spartakiade-Fahrt 1928, S. 78
36 ebda, S. 79 f.
37 ebda, S. 77
38 ebda, S. 80
39 SH AZ, 6. August 1929, Nr. 180
40 ebda, 17. August 1929, Nr. 192

[41] SH AZ, 6. August 1929, Nr. 180
[42] 23. Juli 1928, Nr. 170
[43] Gespräch E. Bloch, 5. Juni 1984

Mentona Mosers Kinderheim

[44] heute Schweizerische Industriegesellschaft = SIG
[45] heute Kraftwerk Schaffhausen
[46] E. Joos, Parteien und Presse im Kanton Schaffhausen, S. 155
U. Rauber, Schweizer Industrie in Russland vor 1917, S. 79 ff.
[47] P. Stettler, KPS 1921–1931, S. 510
[48] W. Bringolf, Mein Leben, S. 106
[49] R. N. Balsiger, M. Moser, S. 189
Roger Nicholas Balsiger ist der Enkel Mentona Mosers. Sein Aufsatz basiert auf ihrer unveröffentlichten Autobiographie.
[50] P. Stettler, KPS 1921–1931, S. 156–170
[51] R. N. Balsiger, M. Moser, S. 187
[52] ebda, S. 189
[53] ebda
[54] SH AZ, 6. August 1929, Nr. 180
[55] ebda, 9. Juli 1929, Nr. 158
[56] R. N. Balsiger, M. Moser, S. 189
[57] Dübi, Otryvki iz…, S. 8
[58] Gespräch K. Wäffler, 5. Juni 1984
[59] Platten/Münzenberg, Mit Pflug und Traktor, S. 14
[60] W. Münzenberg, Solidarität, S. 499
[61] Dübi, Otryvki iz…, S. 8

Verlust der wirtschaftlichen Selbständigkeit

[62] SH AZ, 9. Juli 1929, Nr. 158
[63] ebda, 20. Februar 1930, Nr. 42
[64] ebda, 6. August 1929, Nr. 180
[65] ebda, 17. August 1929, Nr. 192
[66] Diese Zahl nennt Platten. Glaubwürdiger erscheint Sauters Aussage, das IAH-Gut umfasse 2700 Hektaren (SH AZ, 20. Februar 1930, Nr. 42).
[67] Platten/Münzenberg, Mit Pflug und Traktor, S. 10
[68] SH AZ, 20. Februar 1930, Nr. 42
[69] Platten/Münzenberg, Mit Pflug und Traktor, S. 10

[70] ebda, S. 11
[71] Molotow, Der 5-Jahr-Plan siegt, S. 38
[72] ebda
In Molotovs Statistik kommt nicht zum Ausdruck, dass *der endgültige Umschwung»* bzw. die massive Zwangskollektivierung vom Herbst 1929/Anfang 1930 vorübergehend zu einem Kollektivierungsgrad von 57,0% (am 10. März 1930) (G. Grinko, Der 5-Jahr-Plan der Sowjetunion, S. 294) geführt hatte. Wegen des passiven Widerstandes der Bauern und der dadurch herbeigeführten Versorgungskrise musste ein Teil der Kollektivierungen wieder rückgängig gemacht werden.
[73] Svencickaja deutet dies an, wenn sie schreibt, er sei *«gezwungenermassen»* von seiner Funktion entbunden worden (Dübi, Otryvki iz..., S. 6). Siehe auch Kap. 9, «Fritz Platten: Tod im Arbeitslager»
[74] Platten/Münzenberg, Mit Pflug und Traktor, S. 12
[75] ebda, S. 14ff.
[76] ebda, S. 2
[77] W. Münzenberg, Solidarität, S. 499
[78] K. Hofmaier, Memoiren, S. 76ff.
[79] Dübi, Otryvki iz..., S. 10
[80] F. Dübi, Auf den Spuren der Schweizer Kommunarden in Russland. Vorwärts, 4. März 1982

9. Was ist aus den Auswanderern geworden?

[1] Dübi, Danilina, Gespräch 1982
[2] Gespräch K. Wäffler, 5. Juni 1984
[3] siehe Kap. 6, «Der Wegzug der ersten Kommunarden»
[4] SH AZ, 1. Februar 1930, Nr. 42
[5] ebda, 31. Mai 1930, Nr. 125
[6] Die Familien Bollinger, Christen, Wäffler und Zöbeli sowie Jakob Brand jun.
[7] Mitteilung A. Zöbeli, 10. Januar 1985
[8] ebda
[9] Gespräch W. Brand, 19. Mai 1984
[10] Anzahl von bekannten Rückwanderern:

1924	1927	1929	1930	1931	1932	1933	1934
7	2	5	3	1	1	6	1

[11] BA, 2015, 53. Diverse Listen von «Schweizern in der Sowjetunion»
[12] Dübi, Otryvki iz..., S. 11

[13] siehe «Verzeichnis der Auswanderer»
[14] Volksrecht, 15. November 1967, Nr. 268
[15] Die anderen drei waren A. F. Danilina, E. Hofstetter und G. Herrmann.

Rudolf Vollmer: Der Mann mit den Bäumen

[16] Dübi, Otryvki iz..., S. 12 ff.

Fritz Platten: Tod im Arbeitslager

[17] Er dürfte dort im Hotel Lux gewohnt haben (R. v. Mayenburg, Hotel Lux, S. 178). 1927 soll er Direktor dieses Hotels gewesen sein und so *«die Ehre unserer Hotellerie»* aufrecht erhalten haben (Grand Hotel Platten. Berner Tagblatt, 1. Februar 1927).
[18] Gespräch W. Brand, 19. Mai 1984
[19] O. Svencickaja, Fric Platten, S. 64
SH AZ, 11. Februar 1928, Nr. 35
[20] P. Thalmann, Revolution für die Freiheit, S. 74
[21] Heinrich Brandler (1881–1967)
1922 Vorsitzender der KPD. Wurde für den missglückten Putschversuch vom Oktober 1923 verantwortlich gemacht. Deshalb und wegen seines «rechten Kurses» (Einheitsfront mit der SPD) wurde er 1924 als Vorsitzender abgesetzt. Ausschluss aus der KPdSU 1929. Führte anschliessend die KPD-Opposition.
[22] Ruth Fischer, d. i. Elfriede Eisler (1895–1961)
1924 Vorsitzende der KPD, «linker Flügel», 1926 Ausschluss aus der KPD, versuchte in Deutschland in Anlehnung an Zinov'ev eine linkskommunistische Partei, den «Leninbund» zu schaffen.
[23] Karl Radek, d. i. Sobelsohn (1895– vermutlich 1939)
Trat 20jährig der Sozialdemokratischen Partei bei, während des 1. Weltkrieges in der Schweiz, Teilnehmer der Konferenzen von Zimmerwald und Kienthal, Ausreise 1917 im «plombierten» Wagen. Ab 1920 Mitglied des EKKI. 1924 Ausschluss aus dem ZK der KPdSU, anschliessend Verbannung. 1930 nach Einschwenken auf Stalins Linie aussenpolit. Redaktor der «Izvestija». 1937 im «Prozess der 17» zu 10 Jahren Haft verurteilt. Gilt seitdem als verschollen.

24 P. Thalmann, Revolution für die Freiheit, S. 74 f.
25 E. Illi, Skizze meines Lebens, S. 30 f.
26 J. Humbert-Droz, 1931–1941, S. 347
27 W. Bringolf, Mein Leben, S. 158
28 R. von Mayenburg, Hotel Lux, S. 178
29 Ziehvater des zweiten Sohnes Fritz N. Platten.
30 SH AZ, 11. Februar 1928, Nr. 35
31 Fritz N. Platten, Mein Vater, S. 22
32 J. Humbert-Droz, 1931–1941, S. 347
33 W. Bringolf, Mein Leben, S. 158
34 P. Stettler, KPS 1921–1931, S. 205
35 W. Bringolf, Mein Leben, S. 158
36 ebda
37 H. Itschner, Schicksale eines Schweizer Revolutionärs. Fritz Platten, der Lebensretter Lenins. Schweizer Wochenzeitung, 21. Februar 1957, Nr. 8
38 SH AZ, 30. Oktober 1931, Nr. 255
39 ebda, 2. November 1931, Nr. 257
40 Kämpfer, 27. Oktober 1931, Nr. 251
41 E. I. Družinina, Internationale Solidarität – sein höchstes Prinzip. Fritz Platten. In: Beiträge zur Geschichte der Arbeiterbewegung, Berlin (Ost) 1976, S. 1091
E. I. Družinina, die Tochter von O. Svencickaja, war in den 30er Jahren Schülerin von Platten am Institut für Neue Sprachen.
42 J. Humbert-Droz, 1931–1941, S. 97
43 U. Rauber, Fritz Platten 1883–1942. In: Fritz Platten, «Vorwärts» 1984, S. 4
44 D. Pike, Deutsche Schriftsteller im sowjetischen Exil, S. 436
45 NKVD = narodnyj komissariat vnutrennich del
= Volkskommissariat für Innere Angelegenheiten
46 § 58: Staatsverbrechen, § 58/6: Spionage, § 58/8: Terror,
§ 58/11: Zugehörigkeit zu einer staatsfeindlichen Organisation.
47 2. Brief, 27. Dezember 1939. In: U. Rauber, Fritz Platten, «Vorwärts» 1984, S. 6
U. Rauber veröffentlichte die insgesamt 21 Briefe Plattens an O. Svencickaja, mit zwei Ausnahmen auszugsweise zum ersten Mal. (Brief 16 und 17: K. Spiess, Fritz Platten, 1976). Die Originale befinden sich heute im «Leningrader Museum der Oktoberrevolution»; Kopien wurden der PdA übergeben.
48 16. Brief, 8. Mai 1940. In: U. Rauber, Fritz Platten, «Vorwärts» 1984, S. 8
49 D. Pike, Deutsche Schriftsteller im sowjetischen Exil, S. 459
50 W. Röder (Hrsg.), Sonderfahndungsliste UdSSR, S. 138

Und die anderen?

[51] SH AZ, 21. August 1929, Nr. 195
[52] Stadtarchiv SH, Protokollbuch der Vorstandssitzungen der Typographia, Sektion Schaffhausen, 6. November 1933
[53] Mitteilung R. Gebhardt, Neuhausen, 14. Mai 1984
[54] siehe Kap. 6, «Der Wegzug der ersten Kommunarden»
[55] siehe Kap. 9, «Was ist aus den Auswanderern geworden?»
[56] Gespräch W. Brand, 19. Mai 1984
[57] SH AZ, 2. Juli 1930, Nr. 151
[58] BA, 2015, 49. Diverse Dokumente betreffend Unterstützung der Familie bezüglich der Heimreise. (Siehe Kap. 6, «Der Wegzug der ersten Kommunarden»
[59] siehe Kap. 9, «Rudolf Vollmer: Der Mann mit den Bäumen»
[60] Mitteilung A. Zöbeli, 10. Januar 1985
[61] BA, 2015, 53. Schweizer und Doppelbürger in der Sowjetunion. Stand August 1941
[62] Telefon mit Frau Düggelin-Weber, Steckborn, 24. Mai 1984
[63] SH AZ, 21. April 1928, Nr. 93
Kämpfer, 6. April 1927, Nr. 81
[64] Schaffhauser Tagwacht, 13. Juni 1931
[65] O. Svencickaja, Schweizer Kommunen, «Vorwärts» 1984, S. 29
[66] Dübi, Otryvki iz..., S. 11
[67] U. Rauber, Fritz Platten, «Vorwärts» 1984, S. 9
F. Platten erhielt im Juni 1940 eine Ansichtskarte, die mit Emilie unterzeichnet war; dabei kann es sich nur um E. Hofstetter handeln.
[68] Dübi, Otryvki iz..., S. 11 f.
[69] Telefon mit Clara Hürlimann, Tägerwilen, 10. Mai 1984
[70] SH AZ, 4. Oktober 1926, Nr. 232
[71] Mitteilung A. Zöbeli, 10. Januar 1985
siehe Kap. 6, «Die Jahre bis zur Auflösung (1925–1927)»
[72] BA, 2015, 49. Brief IKRK Moskau an IKRK Genf, 27. Juni 1933
[73] ebda, 53. Schweizer und Doppelbürger im Kaukasus, Donkosakengebiet und Azerbajdžan. Stand Februar 1945
[74] B. Gross, W. Münzenberg, S. 234 f.
[75] Mitteilung R. v. Mayenburg, 28. Mai 1984
[76] W. Gautschi, Dokumente zum Landesstreik 1918, S. 326
[77] BA, 2015, Bd. 53. Schweizer und Doppelbürger in der Sowjetunion. Stand August 1941
[78] Auskunft Einwohnerkontrolle Ermatingen, 5. Juli 1984
[79] Telefon mit Sophie Schopper, Schaffhausen, 2. Mai 1984

[80] BA, 2015, 53. Schweizer und Doppelbürger in Moskau. Stand Februar 1945
[81] Gespräch K. Wäffler, 5. Juni 1984
[82] siehe Kap. 6, «Der Wegzug der ersten Kommunarden»
[83] Einwohnerkontrolle Sargans, 5. Mai 1984
[84] Telefon mit Hanspeter Wildhaber, Sargans, 5. Mai 1984
BA, 2015, 53. Schweizer und Doppelbürger in der Sowjetunion. Stand Februar 1945

10. Schlusswort

[1] E. I. Družinina ist mit dieser Beurteilung nicht einverstanden: *«Der Grund ihres Scheiterns erklärt sich nicht daraus, dass sie von ‚Träumern' errichtet worden waren. Im ersten sozialistischen Staat konnte nicht alles glatt vor sich gehen, gleichsam mit einem Tastendruck.»* (Dübi, Brief von E. I. Družinina, Moskau, 21. August 1985). Ich glaube allerdings, in der vorliegenden Arbeit gezeigt zu haben, dass das Scheitern der Genossenschaften Nova Lava und Tjoplovka nur zu einem geringen Teil auf die schwierigen wirtschaftlichen Verhältnisse der damaligen Zeit zurückzuführen ist.
[2] O. Svencickaja, Schweizer Kommunen, «Vorwärts» 1984, S. 32 f.
[3] Mitteilung A. Zöbeli, 10. Januar 1985
[4] Dübi, Brief von E. I. Druzinina, Moskau, 21. August 1985
[5] Gespräch A. Zöbeli, 9. Februar 1984

Bibliographie

A. Ungedruckte Quellen

1. Amtliche Akten

Bundesarchiv Bern
- Arbeitskraft und Auswanderung. E 7175 (A¹). Bde. 15/20
- Akten des Russlandschweizerbüros des EPD 1918–1951. 2015. Bde. 41/49/50/53
- Personendossier Platten. 21/9312

Staatsarchiv Schaffhausen
- Akten des Regierungsrates 1914–1936. 17 E 12

Stadtarchiv Schaffhausen
- Auswanderung nach Russland. C II 11.11/07
- Protokollbuch der Vorstandssitzungen der Typographia, Sektion Schaffhausen. 1933
- Protokollbuch der Sektionsversammlungen des VPOD, Sektion Schaffhausen. 1926/1927
- Stadtratsprotokolle 1924

2. Akten von Privaten, Vereinigungen etc.

Bloch, Erich; Schaffhausen
- Protokollbuch der Kommunistischen Partei Neuhausen. 1925–1935

Dübi, Franz; Basel
- Aufzeichnungen des Gesprächs mit Anna Fjodorovna Danilina (Anna Rosa Burger) über die von Fritz Platten gegründete Kommune «Solidari-

tät» (aufgezeichnet von A. M. Prokin, Lehrer in der Stadt Čechov). Übersetzt von F. Dübi.
- 3 Briefe von Ernst Graf aus Nova Lava an seine Angehörigen in der Schweiz: 4. April, 18. Mai und 13. Juli
- Otryvki iz rukopisi O. V. Švencickoj «Svejcarskie kommuny na rodine V. I Lenina (napečatano s sokraščenijami v žurnale ‚Istorija SSSR', 1970, Nr. 2)».
- Brief der Genossenschaft Solidarität in Nova Lava an die Trauerfamilie Graf in Frenkendorf. 16. Juli 1924
- Brief von Ernst Frick in Nova Lava an die Familie Jakob Graf-Seiler in Frenkendorf. 23. November 1924
- Telegramm an die landwirtschaftliche Verwaltung des Gouvernements Simbirsk von unbekanntem Moskauer Absender. 12. Oktober (1923). Original russisch; übersetzt von F. Dübi.
- Protokollauszug der Generalversammlung vom 13. Januar 1924 in Nova Lava. Original russisch; übersetzt von F. Dübi.
- diverse Photographien
- Brief von E. I. Družinina, Moskau, 21. August 1985

Ortsmuseum Dietikon
- Bericht von Fritz Platten über die Ansiedlungs-Verhältnisse in Russland im Auftrage der V.A.R. Warum wollen die Arbeiter nach Sowjetrussland auswandern? Enthält: Ernst Süss. Besichtigung der Güter.
- Fragebogen der V.A.R.
- Offiz. Bericht von Genosse Platten an den Vorstand der V.A.R. in Zürich. Nova Lava, 20. Januar 1924
- Organisationsstatut der V.A.R.
- Aufstellung der benötigten Anschaffungen
- Briefe der V.A.R.

Russlandschweizer-Archiv Zürich (Historisches Seminar der Universität Zürich, Abteilung Osteuropa)
Comité der Russlandschweizer Moskau:
- Protokolle 1919

Zöbeli, Adolf; Zürich
- Brief des Narkomsem an Genosse Platten. (Vermutlich März 1923)
- Verzeichnis der Auswanderer nach Sowjet-Russland. (Vermutlich Juni/Juli 1923)

B. Gedruckte Quellen

1. Amtliche Berichte

- Amtliches stenographisches Bulletin des Nationalrates 1924
- Amtliche Sammlung der Bundesgesetze und Verordnungen der schweizerischen Eidgenossenschaft. Jhg. 1919/1924, Bde. XXVI/XL
- Schweizerische Statistische Mitteilungen. Hrsg. vom Eidgenössischen Statistischen Bureau. Haushaltsrechnungen schweizerischer Familien aus dem Jahr 1919. IV. Jhg. 1922, Heft 1

2. Zeitungen

- Arbeiter-Zeitung. Amtliches Publikationsorgan der Stadt Schaffhausen und der Gemeinden (...). Offizielles Organ der Kommunistischen Partei des Kts. Schaffhausen   1922–1930
- Basler Vorwärts. Offizielles Organ der KPS (Sektion der III. Internationale)   1922–1924
- Kämpfer. Organ der Kommunistischen Partei der Schweiz für Kanton Zürich, Ost- und Innerschweiz   1923–1931
- Neue Zürcher Zeitung   1920–1931
                                                                                                                                                                              1956

3. Einzelne Zeitungsartikel

- An die Gewerkschafter des Platzes Zürich. Der öffentliche Dienst. 9. Januar 1925, Nr. 1
- Avec Platten, au Paradis soviétique. Gazette de Lausanne. 12. Mai 1925
- Das Schicksal Fritz Plattens. Volksrecht. 2. November 1956, Nr. 2
- Dichtung und Wahrheit über Russland. Der öffentliche Dienst, 15. Februar 1925, Nr. 8
- Die Enttäuschten aus dem Sovietparadies. Der Rheintaler. 15. April 1925
- Die Genarrten Fritz Plattens. Schaffhauser Intelligenzblatt. 18. Februar 1925, Nr. 41
- Družinina, E. I. Otkrytie memorial'noj doski Fricu Plattenu. Novaja i novejšaja istorija. 1973, Nr. 6, S. 214–215
- Dübi, Franz. Auf den Spuren der Schweizer Kommunarden in Russland. Vorwärts. 4. März 1982

- Fritz Platten in der Sowjetunion. Schweizer Genossenschaften in der UdSSR. Zeitdienst. 14. September 1973, Nr. 36
- Grand Hotel Platten. Berner Tagblatt. 1. Februar 1927
- Itschner, Hans. Schicksale eines Schweizer Revolutionärs. Fritz Platten, der Lebensretter Lenins. Schweizer Wochenzeitung. 21. Februar 1957, Nr. 8
- Kommunary. Leninskoe Znamja. 31. Oktober 1967
- Les émigrés suisses à Novaia Lava (domaine soviétique). Le Citoyen. 26. März 1925
- Nowaja Lawa. Das Fiasko von Plattens Schweizerkolonie in Russland. Berner Tagblatt. 8. Mai 1925, Nr. 106
- Platten, Fritz. Das «Auswanderungsparadies» Räterussland. Inprekorr. 9. Juni 1925, Nr. 92
- Soratniku V. I. Lenina. Avangard. 24. Mai 1975, Nr. 62
- «Verschollen sind seit 1938 alle». Volksrecht. 15. November 1967, Nr. 268
- Von den Schaffhauser Auswanderern in Russland. Schaffhauser Intelligenzblatt. 13. Januar 1925, Nr. 10
- Wie es ihnen in Russland erging. Schaffhauser Intelligenzblatt. 21. April 1928, Nr. 93
- «Vašej slavy nasledniki...». Cement. 23. Mai 1978, Nr. 102
- Zöbeli, A. Eine Nacht auf der Steppe. Der Aufstieg. 8. Mai 1942, Nr. 14

4. Erinnerungen, Biographien

- Balsiger, Roger Nicholas. Mentona Moser. Sonderdruck aus: Schaffhauser Beiträge zur Geschichte. 1981, Bd. 58. Hrsg. vom Historischen Verein des Kantons Schaffhausen.
- Bringolf, Walther. Mein Leben. Weg und Umweg eines Schweizer Sozialdemokraten. Scherz. Vlg. Bern/München/Zürich 1965
- Deutscher, Isaac. Stalin. Die Geschichte des modernen Russland. Europa Vlg. Zürich 1935
- ders. Trotzki. Bd. 2: Der unbewaffnete Prophet. 1921–1931. Bd. 3: Der verstossene Prophet. 1929–1940. Kohlhammer Vlg. Stuttgart 1962/63
- Gross, Babette. Willi Münzenberg. Eine politische Biographie. Deutsche Verlagsanstalt Frankfurt a. M. 1967
- Haas, Leonhard. Carl Vital Moor. 1852–1932. Ein Leben für Marx und Lenin. Benziger Vlg. Zürich/Einsiedeln/Köln 1970
- Hofmaier, Karl. Memoiren eines Schweizer Kommunisten. 1917–1947. Rotpunkt Vlg. Zürich 1978

- Humbert-Droz, Jules. Bd. 2: Dix ans au service de l'internationale communiste. 1921–1931. Bd. 3: Dix ans de lutte antifasciste. 1931–1941. Editions de la baconnière. Neuchâtel 1971/72
- Illi, Ernst. Skizze meines Lebens. Unionsdruckerei Schaffhausen 1982[2]
- ders. Hermann Erb. Sonderdruck aus: Schaffhauser Beiträge zur Geschichte. 1981, Bd. 58. Hrsg. vom Historischen Verein des Kantons Schaffhausen.
- Jucker, Ernst. Erlebtes Russland. 16 Jahre öffentliche Arbeit in der Sowjetunion. P. Haupt Vlg. Bern 1945
- Mayenburg, Ruth von. Hotel Lux. Ullstein Vlg. München 1980
- Münzenberg, Willi. Die dritte Front. Aufzeichnungen aus 15 Jahren proletarischer Jugendbewegung. Neuer Deutscher Vlg. Berlin 1929
- Salis, J. R. von. Giuseppe Motta. Dreissig Jahre eidgenössische Politik. Orell Füssli Vlg. Zürich 1942[3]
- Thalmann, Paul & Clara. Revolution für die Freiheit. Stationen eines politischen Kampfes. Moskau/Madrid/Paris. Association Vlg. Hamburg 1976

5. Schweizer Reiseberichte über die Sowjetunion

- Bringolf, Walther. Russische Reise. A. Seehof Vlg. Berlin 1921
- Gantenbein, Margrit. Reisen im Osten. Strassen in Moskau. In: Thurgauer Zeitung. 7. Mai 1932, Nr. 106
- dies. Reise im Osten. Sibirien entgegen. In: Thurgauer Zeitung. 3. September 1932, Nr. 207
- Nicole, Léon. Meine Reise in die Sowjetunion. Vlg. der Buchhandlung Stauffacher. Zürich 1939
- Nobs, Ernst. Sowjet-Russland. Unionsbuchhandlung. Zürich o.J. Separatdruck aus dem «Volksrecht». Juli 1920
- Reichmann, Franz. Wie sieht es im Lande der Bolschewiki aus? Unionsdruckerei. Zürich 1926
- Schneider, Friedrich. Von Leningrad bis Kijew. Vlg. der Unionsbuchhandlung. Basel 1926
- Schulthess, Werner. Spartakiade-Fahrt 1928. Eine Reise nach Russland. Vlg. des Verfassers. Zürich 1928
- Sowjetrussland. Bericht der schweizerischen Arbeiter-Delegation. Oktober/November 1927. Unionsdruckerei. Zürich 1928
- Thommen, Elisabeth. Blitzfahrt durch Sowjetrussland. Vlg. Oprecht und Helbling. Zürich 1933
- Tobler, Max. Moskauer Eindrücke. Vlg. Internationale Rote Hilfe. Zürich 1927

- Tobler-Christinger, Minna. Streifzüge in Moskau. In: Die arbeitende Frau. 1. September 1928, Nr. 12 bis 15. Dezember 1928, Nr. 17
- Voegeli, A. Städte – Steppen – Berge und Menschen. Reisebuch eines Unabhängigen. Bern 1936[2]
- Wlatnig, Fr. Das Neue Russland. Separatdruck aus der Neuen Zürcher Zeitung. Juli/August/September und Oktober 1927

C. Literatur

1. Bibliographien, Handbücher

- Eberlein, Alfred. (Hrsg.) Die Presse der Arbeiterklasse und der sozialen Bewegungen. Von den dreissiger Jahren des 19. Jahrhunderts bis zum Jahre 1967. Bibliographie und Standortverzeichnis der Presse der deutschen, der österreichischen und der schweizerischen Arbeiter-, Gewerkschafts- und Berufsorganisation (einschliesslich der Protokolle und Tätigkeitsberichte). Sauer & Auvermann Vlg. Frankfurt a. M. 1968. 4 Bde. und 1 Registerband
- Encyclopaedia Britannica, the new. Chicago/London (...) 1978[15]. 30 Bde.
- European Historical Statistics 1850–1975. Macmillan Press. London 1981[2]
- Geschichte der Schweiz – und der Schweizer. Bd. III. Helbling & Lichtenhahn Vlg. Basel/Frankfurt a. M. 1983
- Geyer, Dietrich. (Hrsg.) Osteuropa-Handbuch Sowjetunion. Aussenpolitik I: 1917–1955. Böhlau Vlg. Köln/Wien 1972
- Handbuch der Schweizer Geschichte. Buchvlg. Berichthaus. Bd. 2. Zürich 1980[2]
- Hösch, Edgar/Grabmüller, Hans-Jürgen. (Hrsg.) Daten der sowjetischen Geschichte. Bd. 2: Von 1917 bis zur Gegenwart. Deutscher Taschenbuchvlg. München 1981
- Schramm, Gottfried. (Hrsg.) Handbuch der Geschichte Russlands. Bd. 3, I: 1856–1945. Von den autokratischen Reformen zum Sowjetstaat. A. Hiersemann Vlg. Tübingen 1983

2. Schweiz – Sowjetunion

- Bonjour, Edgar. Abbruch der Beziehungen zu Russland. In: Geschichte der Schweizerischen Neutralität. Vier Jahrhunderte eidgenössischer Aussenpolitik. Bd. II. Helbling & Lichtenhahn. Basel 1970[5]. S. 260–281

- Gattiker, Annetta. L'affaire Conradi. Lang Vlg. Bern/Frankfurt a. M. 1975
  = Publications Universitaires Européennes, Série II, Vol. 33
- Harpe, Jean de la. Betrachtungen über Russland und die schweizerisch-russischen Beziehungen. Tschudi Vlg. Glarus 1944
- Stettler, Peter. Die Beziehungen zwischen der Schweiz und Sowjetrussland. In: Das aussenpolitische Bewusstsein in der Schweiz (1920–1930). Bundesrat und öffentliche Meinung in Fragen schweizerischer Aussenpolitik im ersten Jahrzehnt nach dem Beitritt der Schweiz zum Völkerbund. Diss. Universität Bern 1969, S. 315–335
- Voegeli, Josef. Die Rückkehr der Russlandschweizer 1917–1945. Liz. Universität Zürich 1979

3. Sowjetunion

3.1 Broschüren, Artikel

- Gorbatschjow, G. Chronik der wichtigsten Ereignisse in den sieben Jahren (1917–1924) der proletarischen Revolution. In: Arbeiter-Literatur, Nr. 11. Wien 1924, S. 790–815
- Kolarow, W. Fragen des Agrarprogramms und der Agrarpolitik. Verlagsgenossenschaft ausländischer Arbeiter in der UdSSR. Moskau/Leningrad 1935
  = Internationales Agrarinstitut Moskau, Heft 1
- Grinko, G. Der Fünfjahrplan der UdSSR. Eine Darstellung seiner Probleme. Vlg. für Literatur und Politik. Wien/Berlin 1930
- Kujbischew, W. W. Die Tätigkeit der Partei auf dem Gebiete des Genossenschaftswesens. Referat, gehalten auf der Allrussischen Konferenz der Kommunistischen Partei Russlands. Moskau, 5. August 1922. In: Russische Korrespondenz, Juli/Dezember 1922, Bd. 2, S. 687–692
- Lenin über das Genossenschaftswesen. Artikel und Reden zusammengestellt und eingeleitet von N. L. Meschtscherjakoff. Allgemeiner Genossenschaftsverlag. Berlin 1925:
  - Aus der Rede auf dem X. Parteitag der KPR. (März 1921), S. 85–90
  - Aus der Resolution über das Verhältnis zur mittleren Bauernschaft. Angenommen auf dem VIII. Parteitag der KPR am 23. März 1919, S. 73
  - Aus dem Artikel: «Die nächsten Aufgaben der Sowjetmacht», Zweites Bruchstück, S. 50–51
  - Rede gehalten auf dem I. Kongress der Landwirtschaftskommunen und Landwirtschaftsartelle, S. 74–81

- Schlusswort auf dem X. Parteitag der KPR (15. März 1921), S. 90–96
- Lenin über Organisationsfragen. Vlg. für Literatur und Politik. Wien 1924:
  - Über die Einheit der Partei. Resolution des X. Parteitages der KPR vom März 1921, S. 125–127
- Lenin. Das Verhältnis der Kommunisten (Bolschewiki) zum mittleren Bauerntum. Referat auf dem VIII. Parteitag der Kommunistischen Partei Russlands (18.–23. März 1919). Hrsg. vom westeuropäischen Sekretariat der Kommunistischen Internationale. Berlin 1920
- Lenin. Gesammelte Werke. Dietz Vlg. Berlin (Ost) 1962. Bd. 33, August 1921 – März 1923
- Molotow, W. M. Der 5 Jahrplan siegt. C. Hoym Vlg. Hamburg/Berlin 1931
- Röder, Werner. (Hrsg.) Sonderfahndungsliste UdSSR. Vlg. für zeitgeschichtliche Dokumente und Curiosa. Erlangen 1977
  = Dokumente der Zeitgeschichte, Mappe 1
- Russland. Offizieller Bericht der englischen Gewerkschaftsdelegation nach Russland. November–Dezember 1924. Neuer Deutscher Vlg. Berlin 1925
- Schuwajew, K. M. Vom aussterbenden Dorf zur sozialistischen Kollektivwirtschaft. Monographie zweier Sowjetdörfer. Verlagsgenossenschaft ausländischer Arbeiter in der UdSSR. Moskau/Leningrad 1934

3.2. IAH

- Mičev, Dobrin. Mežrabpom – organizacija proletarskoj solidarnosti. Izdatel'stvo Mysl'. Moskva 1971
- Münzenberg, Willi. Brot und Maschinen für Sowjetrussland. Ein Jahr proletarischer Hilfsarbeit. Vlg. der IAH. Berlin o. J.
- ders. Fünf Jahre Internationale Arbeiterhilfe. Neuer Deutscher Vlg. Berlin 1926
- ders. Solidarität. 10 Jahre Internationale Arbeiterhilfe 1921–1931. Neuer Deutscher Vlg. Berlin 1931
- Nansen, Fridtjof. An das Gewissen der Völker. Rede vor dem Internationalen Arbeitsamt in Genf, 12. November 1921. Vlg. der IAH. Berlin 1922
- Zabarko, B. M. Klassovaja bor'ba i meždunarodnaja rabočaja pomošč'. Izdatel'stvo naukova dumka. Kiev 1974

3.3 Darstellungen

- Bronger, Dirk. Der Kampf um die sowjetische Agrarpolitik 1925–1929. Ein Beitrag zur Geschichte der kommunistischen Opposition in Sowjetrussland. Vlg. Wissenschaft und Politik. Köln 1967

= Abhandlungen des Bundesinstituts für ostwissenschaftliche und internationale Studien, Bd. XVI
- Gitermann, Valentin. Die historische Tragik der sozialistischen Idee. Oprecht Vlg. Zürich/New York 1939
- Haumann, Heiko. Probleme beim Aufbau einer neuen Gesellschaftsordnung (1918–1928/29). In: G. Schramm. (Hrsg.) Handbuch der Geschichte Russlands. Bd. 3, I: 1856–1945. Von den autokratischen Reformen zum Sowjetstaat. Stuttgart 1983, S. 623–780
- Kool, Frits/Oberländer, Erwin. (Hrsg.) Arbeiterdemokratie oder Parteidiktatur. Bd. 1: Opposition innerhalb der Partei. Bd. 2: Kronstadt. Deutscher Taschenbuch Vlg. München 1972
= DTV-Dokumente
- Lorenz, Richard. Die Sowjetunion (1917–1941). In: Russland. Fischer Vlg. Frankfurt a. M. 1972, S. 271–353
= Fischer Weltgeschichte
- Ozerov, L. S. Stroitel'stvo socializma v SSSR i meždunarodnaja proletarskaja solidarnost' (1921–1937). Izdatel'stvo «mysl'». Moskva 1972
- Pike, David. Deutsche Schriftsteller im sowjetischen Exil. Suhrkamp Vlg. Frankfurt a. M. 1981
- Pollock, Friedrich. Die planwirtschaftlichen Versuche in der Sowjetunion 1917–1927. C. L. Hirschfeld Vlg. Leipzig 1929
= Schriften des Instituts für Sozialforschung an der Universität Frankfurt a. M., Bd. 2
- Raupach, Hans. Geschichte der Sowjetwirtschaft. Rowohlt Vlg. Reinbeck bei Hamburg 1964
= rowohlts deutsche enzyklopädie
- Sack, Alexander. Die Kollektivierungsversuche in der sowjetischen Landwirtschaft. Diss. Universität Zürich 1931
- Schiller, Otto. Das Agrarsystem in der Sowjetunion. Entwicklung seiner Struktur und Produktionsleistung. Böhlau Vlg. Köln/Graz 1960
= Arbeitsgemeinschaft für Osteuropaforschung, N. 21
- ders. Die Kollektivierung der sowjetischen Landwirtschaft. In: Berichte über Landwirtschaft. Neue Folge, Bd. 11. Berlin 1929, S. 444–466
= Zeitschrift für Agrarpolitik und Landwirtschaft

4. Schweiz

4.1 Broschüren

- Bodenmann, Marino. Zum 40. Jahrestag der Gründung der Kommunistischen Partei der Schweiz. Vlg. der PdA. Zürich 1961
- Der Landesstreik-Prozess gegen die Mitglieder des Oltener Aktionskomitees vor dem Militärgericht 3 vom 12. März bis 9. April 1919. 2 Bde. Im Auftrag des Oltener Aktionskomitees hrsg. von der Unionsdruckerei Bern 1919
- Die Kommunistische Partei der Schweiz 1922/24. Hrsg. von der Zentrale der KPS. Genossenschafts-Buchdruckerei Basel 1924
- Die revolutionären Umtriebe in der Schweiz von 1916–1919. (Von einem Augenzeugen). Separat-Abdruck aus dem «Schaffhauser Intelligenzblatt» 1927
- Sowjetfeindlich? Tatsachen und Dokumente. Vlg. der PdA. Zürich 1945

4.2. Darstellungen

- Bovay, E. H. Le Canada et les Suisses 1604–1974. Editions Universitaires. Fribourg 1976
- Gautschi, Willi. Der Landesstreik 1918. Benziger Vlg. Zürich/Köln 1968
- ders. (Hrsg.) Dokumente zum Landesstreik. Benziger Vlg. Zürich/Köln 1971
- ders. Lenin als Emigrant in der Schweiz. Benziger Vlg. Zürich/Köln 1973
- Greyerz, Hans von. Der Bundesstaat seit 1848. In: Handbuch der Schweizer Geschichte. Bd. 2. Zürich 1980[2], S. 1019–1246
- Joos, Eduard. Parteien und Presse im Kanton Schaffhausen. Schaffhauser Beiträge zur Geschichte. 1975, Bd. 52. Hrsg. vom Historischen Verein des Kantons Schaffhausen
- Jost, Hans Ulrich. Bedrohung und Enge (1914–1945). In: Geschichte der Schweiz – und der Schweizer. Bd. III. Basel/Frankfurt a. M. 1983, S. 101–189
- ders. Die Altkommunisten. Linksradikalismus und Sozialismus in der Schweiz 1919–1921. Huber Vlg. Frauenfeld 1977
- Kunz, Hans Beat. Weltrevolution und Völkerbund. Die schweizerische Aussenpolitik unter dem Eindruck der bolschewistischen Bedrohung 1918–1923. Stämpfli Vlg. Bern 1981

- Marbach Fritz. Der Generalstreik 1918. Fakten – Impressionen – Illusionen. Haupt Vlg. Bern 1969
  = Staat und Politik, Nr. 8
- Rauber, Urs. Studien zur schweizerischen Auswanderung nach Russland vor 1917. Liz. Universität Zürich 1977
- ders. Schweizer Industrie in Russland vor 1917. Diss. Universität Zürich 1985
- Rohr, Thomas. Schaffhausen und der Landesstreik von 1918. Stadtarchiv Schaffhausen 1972
  = Mitteilungen aus dem Schaffhauser Stadtarchiv, Bd. 9
- Ruffieux, Roland. La Suisse de l'entre-deux-guerres. Payot. Lausanne 1974
- Stadler, Peter. Zwischen Klassenkampf, Ständestaat und Genossenschaft. Politische Ideologien im schweizerischen Geschichtsbild der Zwischenkriegszeit. In: Historische Zeitschrift. Hrsg. von Th. Schieder und Th. Schiffer. Oldenbourg Vlg. München 1974. Bd. 219, Heft 1, S. 290–358
- Stettler, Peter. Die Kommunistische Partei der Schweiz 1921–1931. Ein Beitrag zur schweizerischen Parteiforschung und zur Geschichte der schweizerischen Arbeiterbewegung im Rahmen der Kommunistischen Internationale. Francke Vlg. Bern 1980
  = Schriften des Forschungszentrums für schweizerische Politik an der Univ. Bern, Series B, Vol. XV

5. Fritz Platten, Schweizer Kommunarden
siehe dazu auch: B. 3: Einzelne Zeitungsartikel

- Drejer, Anna. Dem Gedenken Fritz Plattens
  In: Vorwärts, 7. März 1974
  In: Zur Geschichte der kommunistischen Bewegung in der Schweiz. Aus dem «Vorwärts» 1968–1980. Zürich 1981, S. 339–341
- dies. Wo Fritz Platten häufig weilte
  In: Vorwärts, 15. und 22. August 1974
  In: Zur Geschichte der kommunistischen Bewegung in der Schweiz. Aus dem «Vorwärts» 1968–1980. Zürich 1981, S. 341–344
- Družinina, E. I. Internationale Solidarität – sein höchstes Prinzip. Fritz Platten. In: Beiträge zur Geschichte der Arbeiterbewegung. Sonderdruck. Dietz Vlg. Berlin (Ost) 1976, Nr. 6, S. 1087–1092
- dies. Doklad E. I. Družininoj, pročitannyj v Moskovskom pedagogičeskom institute inostrannych jazykov, im. M. Toreza. 21. Oktober 1973. Manuskript

- Dunajevski, Alexander. Platten wird bekannt. Militärvlg. der DDR. Berlin (Ost) 1978
- Haas, Leonhard. Lenin an Platten. Ein Briefwechsel aus dem Jahr 1918. In: Schweizerische Zeitschrift für Geschichte. Schwabe Vlg. Basel 1968, Nr. 1, S. 69–78
- Ivanov, A. E. Fric Platten. In: Voprosy istorii, 1983, Nr. 6, S. 81–91
- ders. Fric Platten. Gospolitizdat. Moskva 1963
- Latyšev, A. Švejcarskij drug Lenina. In: Kommunist. 1984, Nr. 6, S. 103–113
- Platten, Fritz N. Mein Vater Fritz Platten. Ein Leben für die Russische Revolution. In: Turicum. September 1972, S. 17–22
- Platten, Fritz/Münzenberg, Willi. Mit Pflug und Traktor. Hrsg. vom ZK der IAH. Berlin 1930
  = Beiheft 4 vom Roten Aufbau
- Rauber, Urs. Fritz Platten 1883–1942. In: Vorwärts Sonderdruck. Basel 1984, S. 1–13
- Spiess, Kurt. Fritz Platten. Ein Schweizer Kommunist in der Sowjetunion. In: Tages-Anzeiger-Magazin, 28. Februar 1976, Nr. 9
- Svencickaja, Ol'ga. Fric Platten – plamennyj revoljucioner. Izdatel'stvo Mysl'. Moskva 1974
  Einzelne Kapitel in der Übersetzung von Franz Dübi:
  - Schweizer Kommunen in der Heimat W. I. Lenins
    In: Vorwärts, 20. Dezember 1979/3. Januar 1980
    In: Zur Geschichte der kommunistischen Bewegung in der Schweiz. Aus dem «Vorwärts» 1968–1980. Zürich 1981, S. 100–112
    In: Fritz Platten. Vorwärts Sonderdruck. Basel 1984, S. 25–37
  - Fritz Plattens Gang durch Gefängnisse
    In: Vorwärts, 24. November 1983/1. Dezember 1984
    In: Fritz Platten. Vorwärts Sonderdruck. Basel 1984, S. 15–24

6. Literarische Werke

- Barthel, Max. Arbeiterseele. Verse von Fabrik, Landstrasse, Wanderschaft, Krieg und Revolution. Diederichs Vlg. Jena 1920
- Guggenheim, Kurt. Alles in Allem. 4 Bde. Artemis Vlg. Zürich 1954^3, 1953^2, 1954, 1955
- Scholochow, Michail. Neuland unterm Pflug. Ring Vlg. Zürich 1933

D. Gespräche, Mitteilungen

Gespräche:
Bloch, Erich. Schaffhausen. 5. Juni 1984
Brand, Walter. Dietikon. 19. Mai 1984
Dübi, Franz. Basel. 31. Januar 1984
Illi, Ernst. Neuhausen. 15. Mai 1984
Platten, Fritz N. Zürich. 29. Januar 1984
Wäffler, Karl. Schaffhausen. 5. Juni 1984
Zöbeli, Adolf. Dietikon. 9. Februar 1984

Mitteilungen:
Gebhardt, Reinhardt. Neuhausen. 14. Mai 1984
Mayenburg, Ruth von. Wien. 28. Mai 1984
Zöbeli, Adolf. Dietikon. 10. Januar 1985

Einwohnerkontrollen/Gemeindekanzleien/Archive:
Basel, Eptingen (BL), Ermatingen, Meisterschwanden (AG), Sargans, Tennikon, Landesbibliothek Glarus, Gemeindearchiv Tablat SG

Personenverzeichnis

Vergleiche «Verzeichnis der Auswanderer»
Kursive Seitenzahlen verweisen auf Abbildungen

Anneveldt, Frederik 36, 52, 53, 56, 62, 63, 64, 68, 71, 77, 94, 100, 118
Belmont, Albert 38, 41, 121
Berzin, Jan 15
Bloch, Ernst 88, 89
Bollinger, Bernhard 82, 84, 100, 137
Brand, Fritz 100
Brand, Jakob jun. 100, 137
Brand, Jakob sen, 30, 43, 63, 128
Brand, Palmira 43, 65, 100
Brand, Walter 30, 65, 100
Brandler, Heinrich 96, 138
Bringolf, Walther 87, 97
Burger, Anna Rosa = Danilina, A. F. *15,* 19, 58, 69, 74, 76, 77, 78, 84, 85, 94, 127, 138
Burger, Theodor 84
Casanova, Carl 30, 43, 62, 63, 64, 65, 66, 72, 78, 130
Christen, Elise 100
Christen, Paul 100, 137
Chruščov, Nikita 99
Čičerin, Georgij 17
Conradi, Moritz 15, 108
Danilin, Lavrentij 74, 85
Dittrich, Anton 84
Družinina, E. T. 63, 139, 141
Erb, Hermann 96
Fischer, Jakob 100
Fischer, Ruth 96, 138
Frick, Ernst *55, 58,* 65

Fritschi 84
Graf, Ernst 47, 52, 59, 60, 61, 126
Hammes, Alois 84
Hammes, B. *72*
Hänsler, Karl 81, 82, 100
Hediger, Ernst 54, 63, 71, 72
Herrmann, Frieda 43
Herrmann, Frieda
= Mundwiler-Herrmann, Frieda
Herrmann, Georg *29,* 76, 78, 100, 138
Herrmann, Michail 43, 76, 78, 82, 127, 132
Hofstetter, Emilia *18, 81,* 101, 138, 140
Hofstetter, Hans jun. *81,*
Hofstetter, Hans sen. *81,* 82, 84
Humbert-Droz, Jules 87, 97, 98
Hürlimann, Karl 101, 128
Illi, Ernst 87, 96, 97
Jäggi, Max 62, 63, 64, 65, 66, 72, 78, 130
Kirov, Sergej 112
Kubli, Nikolaus 43, 128
Küng, Nikolaus 63, 74, 128
Laur, Ernst 26
Lenin 11, 17, 18, 20, 21, 22, 24, 50, 71, 77, 97, 107
Märki, Ernst 43
Mayenburg, Ruth von 97
Moor, Carl Vital 24, 116
Moser, Johann Heinrich 89
Moser, Mentona 89, 90
Mundwiler, Ernst *29,* 35, 43, 44, 45, 59, 63, 70, 73, 78, 101, 123, 130
Mundwiler-Herrmann, Frieda *29,* 78, 101
Münzenberg, Willi 18, 93, 101
Nansen, Fridtjof 17, 19
Platten, Fritz N. 9, 139
Platten, Fritz N. 9, 10, 11, 18, 20, 21, 22, *23,* 24, 25, 26, 30, 32, 33, 34, 35, 37, 38, 42, 43, 45, 56, 59, 63, 64, 66, 68, 69, 70, 71, 74, 78, 79, 80, 85, *85,* 87, 90, 92, 95, 96, 97, 98, 99, 101, 103, 107, 115, 117, 119, 120, 122, 123, 134, 136, 139, 140
Platten, Georg 21, 45
Platten, Maria 43, 122
Platten, Peter 43, 61, 74, 75, 122
Radek, Karl 96, 97, 138

Riediker, Reinhold 84
Rüeger, Friedrich 84
Rüegg, Paul 101
Sauter, Adolf 30, 32, 39, 43, 63, 64, *82,* 84, 91, 92, 94, 102, 108, 120, 134, 136
Sauter, Sophie 62, 75, 76, 77, 82, *82,* 102
Schacht, Ernst 128
Schaffner, Edwin 20, 62, 94, 128
Schaffner, Ernst 20, 94, 100
Schopper, Hermann 84, 90, 91, 102
Schulthess, Edmund 34, 41
Schulthess, Werner 79, 87, 88, 134
Sommerhalder, Max 73
Stalin 51, 97, 98, 108
Stäuble, Otto 63, 74, 84, 102, 128
Süss, Ernst 30, 43, 57, 63, 84, 123
Svencickaja, Olga 9, 10, 24, 78, 83, 90, 95, 103, 118, 119, 130, 134, 137, 139
Thalmann, Paul 96
Treichler *81,*
Treichler, Amalie *81*
Trostel, Willi 97
Vincent, Jean 101
Vogel, Karl *81*
Volkart, Otto 18, 115
Vollmer, Armin *81*
Vollmer, Gerhard *81*
Vollmer, Lina 72, *81, 82*
Vollmer, Rudolf *18,* 45, 46, 80, *81,* 82, *82,* 84, 87, 95, 96, 118
Vorovskij, Vaclav 16, 108
Wäffler, Karl jun. 90
Wäffler, Karl sen. 43, 73, 84, 102, 137
Weber, Jakob 84
Wildberger, Philipp 88, 90, 134, 135
Wildhaber, Jakob 74, 102, 128
Zimmermann, Berta 96, 98, 99, 128
Zinov'ev, Grigorij 21, 22, 96, 97, 98, 107
Zöbeli, Adolf 10, 11, *55,* 69, 79, 130, 132
Zöbeli, Albert *55,* 100, 131, 132, 137
Zöbeli, Maria *55,* 100, 131, 132
Zurmühle, Ernesto 43